Gedichte

Gedichte und Kurzgeschichten, die von Herzen kommen

Nicole Sunitsch

Bibliografische Information der Deutschen Nationalbibliothek:
Die Deutsche Nationalbibliothek verzeichnet diese Publikation
in der Deutschen Nationalbibliografie;
detaillierte bibliografische Daten sind im Internet über
http://dnb.dnb.de abrufbar.

© 2016 Nicole Sunitsch

Herstellung und Verlag:
BoD – Books on Demand, Norderstedt

1. Auflage: Oktober 2016
ISBN: 978-3-7412-0837-9

Titel/Idee: Nicole Sunitsch
Cover/Foto: Nicole Sunitsch
Gedichte/Texte: Nicole Sunitsch
Fotos/Bilder: Nicole Sunitsch
Korrektorat: Mein Engel

Inhaltsverzeichnis

Vorwort 10
   Wie mein Gedichtsbuch entstand 10

Danke 12

„Freundschaft" 13
   Für Dich 14
   Freundschaftsengel 15
   Acht Engel für Dich 16
   Freundschaft 18
   Trost 20
   Bei mir und bei dir 21
   Maria 22
   Du warst immer für mich da 23
   Mein Engel 24

„Glück und Freude in meinen Gedanken" 25
   Ideen 26
   Jeder kann erfolgreich sein 28
   Wille 30
   Gib niemals auf 32
   Zufriedenheit 34
   Träume 36

Lob *38*

Leute, ihr sollt leben! *40*

Es kommt von Herzen *42*

Motivation *44*

Rückenwind *45*

Frühling *46*

Glücklich sein *47*

Stille *48*

Die Sonne wärmt mich *49*

„Ich und mein Leben - Zuversicht und Licht" **50**

Schönheit *51*

Noch einmal Kind sein *54*

Die Arbeit und das Leben *56*

Mein Auto *58*

Mein Vater *60*

Handy *62*

Vorfreude *64*

Meine 4 Wände *66*

Authentizität *68*

Volleyball *70*

Stress *72*

Menschen ändern sich *74*

Gehe langsam 76

Enttäuschungen 78

Die drei wichtigsten Dinge in meinem Leben 80

Nachgeben 82

Hilfsbereit 84

Die Zeit verändert sich und du dich mit ihr 85

Vergesslichkeit 88

Ich liebe mein Leben 89

„Freiheit und Hoffnung" **90**

Ich und meine Drogen 91

Ganz allein 94

Freiheit 96

Vogelfrei 98

Die Rückkehr 100

Zwiespalt 102

Lieber Gott, vergib mir die Tränen meiner Mutter 104

Zeit 106

Alkohol 108

September 110

Freitod 112

Aufstehen 116

Abschied 118

Weihnachtszeit *120*

„Gedanken an die Liebe – bedingungslos" **123**

Mami *124*
Menschen mit Herz *126*
Selbstliebe *128*
Mama *130*
Wie alles begann *132*
Wir Zwei *134*
Ein Nehmen und ein Geben *135*

„Anlässe" **136**

Weihnachtsengel *137*
Weihnachtsengelchen *138*
Trauer *139*
Geburtstag *140*
Glücksschwein *141*
Zur Hochzeit *142*
Muttertag *143*

„Gesellschaftsgedichte - Politik" **145**

Meine Heimat *146*
Frieden *148*
Das Volk hat Angst *150*
Demokratie *152*

Wahre Lügen 154
Volk steh auf 156
Ein merkwürdiges „Wir schaffen das" 158

„Affektkontrolltraining" **161**
Konflikte 162
Die 4 Tierbilder 164

„Fremdwahrnehmung" **167**

„Mein soziales Projekt – die Bastelgruppe" **170**
Die Bastelgruppe - HK Gang 810 171
Die Mitgliedschaft der Bastelgruppe - HK Gang 810 174

Nachwort **176**
Wem ich danke sagen möchte 176

Vorwort

Liebe Leser!

Wie mein Gedichtsbuch entstand

Vor zwei Jahren schrieb ich mein erstes Gedicht,
es gefiel mir sehr in jeder Hinsicht.
Es lag lange in meiner Mappe,
ohne dass ich gedanklich Zugriff hatte.

Ein soziales Projekt brachte mir wieder die Idee
und bereitete mir Bauchweh.
Ich nahm meinen Stift in die Hand,
schon war ein Gedicht fertig und anerkannt.

Aus den Gedichten wurden immer mehr,
das freute mich sehr.
Ich wollte die Gedichte nur für mich schreiben
und die Öffentlichkeit damit meiden.

Doch ich finde es einfach zu schade,
denn es ist doch eine schöne Gabe, die ich habe.
Vielleicht gefallen meine Gedichte der Welt,
zahlen dafür ein wenig Geld.

Und geht mein Buch nur durch wenige Hände,
dann spricht das für mich schon Bände.
Vielleicht konnte ich euch einiges von der Seele
schreiben und es hilft euch ein wenig bei euren Leiden.

Ich weiß, es ist nur ein kleiner Trost,
doch vielleicht lässt es für kurze Zeit eure
negativen Gedanken los.
Wenn ich das mit meinen Zeilen bewirken kann,
dann hilft es in schwierigen Zeiten jedermann.

Und wenn es nur wenige Menschen lesen,
für mich seid ihr besondere Wesen.
Es zahlen zwar nicht alle Spesen,
lest das Büchlein mit Herz
und ihr versteht auch meine Thesen.

Doch ich glaube, es ist für jeden etwas dabei,
als ich die Gedichte schrieb, machten sie mich frei.
Nun möchte ich nicht weiter schwanken,
lest meine Gedichte, dann kennt ihr meine Gedanken.

Das Büchlein soll euch Liebe und Glück bescheren,
in keiner Weise belehren,
sondern sich nur vermehren.

Danke

Als erstes möchte ich dir danken,
mit meinen Gedichten noch nicht weiterschwanken.

Du hältst mein Büchlein in deiner Hand,
doch ich bin nur ein kleiner Autor
und überhaupt noch nicht bekannt.
Du bist jetzt ein Mensch,
der mich danach ein wenig kennt
und der nicht einem Bestseller hinterher rennt.

Ich danke dir für den Kauf,
vielleicht gibst du mir eine Bewertung darauf.
Auch wenn nicht alles perfekt geschrieben ist,
hoffe ich, dass du mit deinem Herzen auch dabei bist.

Darüber würde ich mich sehr freuen,
denn es werden weitere Bücher von mir folgen.
Vielleicht erzählst du mal von meinen Gedichten
und sie sind ähnlich mit deinen Geschichten.

Nimm das Büchlein an schlechten Tagen wieder raus
und vergiss nicht,
gib dich niemals auf.

„Freundschaft"

Für Dich

Du bist wunderbar,
wie das Wasser so klar.
Du bist aufrichtig
und für mich sehr wichtig.

Du bist so besonnen,
für mich einfach vollkommen.
Du bist so liebevoll,
ich finde dich mehr als toll.

Du bist bescheiden,
so würden dich andere auch beschreiben.
Dein Herz ist voller Güte,
wie eine wunderschöne Rosenblüte.

Du bist sehr interessiert,
weißt wie das Leben funktioniert.
Du bist bodenständig,
so richtig lebendig.

Mit diesen Gedanken möchte ich dir sagen und zeigen,
du sollst noch lange so bleiben.
Verändere dich für keinen Menschen auf dieser Welt,
so wie du jetzt bist,
das ist das was zählt.

Freundschaftsengel

Ein Engel möge dich stets begleiten,
in guten und in schlechten Zeiten.
Dieser Engel soll dich behüten und beschützen
und unsere Freundschaft unterstützen.
Unsere Freundschaft soll noch lange so bleiben,
denn dieser Engel wird all unsere Probleme vertreiben.

In Gedanken ist er stets bei dir,
du bist mein Engel
und ich hoffe,
du bleibst noch lange hier!

Acht Engel für Dich

Der erste Engel bringt dir Gesundheit im Leben,
dafür würde er dir seine Flügel geben.
Der zweite Engel wird dich begleiten
und nie von deiner Seite weichen.

Der dritte Engel wird dich beschützen
und dich in allen Lebenslagen unterstützen.
Der vierte Engel wird die Liebe in dein Herz lassen,
das Schlechte vertreiben ohne zu hassen.

Der fünfte Engel wird dir Freude bringen
und bei Traurigkeit ein Lied für dich singen.
Der sechste Engel wird dir immer zur Seite stehen
und mit dir gemeinsam auch die schweren Wege gehen.

Der siebente Engel ist für die Angst,
er hilft dir, wenn du um deine Lieben bangst.
Der achte Engel ist für die Unendlichkeit,
er ist es, der dich von Schmerzen
und allen negativen Gedanken befreit.

All diese Engel sollen dich in deinem Leben begleiten
und mit dir auch die schwierigen Tage bestreiten.
Und bist du auch mal ganz allein,
diese acht Engel werden bei dir bleiben.

Nimm sie stets in deinen Gedanken mit,
die acht Engel sind das Verbindungsglied.
Der neunte Engel bist du,
geht es dir schlecht,
kommen die anderen acht Engel hinzu.

Was soll dir nun noch passieren,
neun Engel können doch niemals verlieren.
Und kannst du es noch immer nicht glauben,
schau auf die Engel, auf sie kannst du bauen.
Kommen in dein Leben auch viele Hiebe,
vergiss nicht, du und die acht Engel,
es siegt die Liebe.

Freundschaft

Es ist so von großer Bedeutung im Leben,
mit einem Freund durch dick und dünn zu gehen.
Wenn wer da ist,
wie du es bist.
Nur das zählt im Leben,
man kann dir Vertrauen ruhig vergeben.

Es gibt auch dunkle Zeiten im Leben,
doch richtige Freundschaft bleibt bestehen.
Auch wenn mein Freund ist ganz fern,
wir haben uns trotzdem gern.
Meine liebe Freundschaft,
du gibst mir sehr viel Kraft.
Du bedeutest mir so viel,
bei dir kann ich so sein, wie ich will.

Bei dir muss ich mich nicht verstellen,
wir sind auf den gleichen Wellen.
Wir können miteinander reden,
ohne uns gegenseitig anzuflehen.
Wir sagen uns oft die Meinung,
wir bitten um Verzeihung.

Ich bin froh, dich kennengelernt zu haben,
du gibst mir Rückhalt,
das wollte ich dir mal sagen.
Auch wenn dich viele anders beschreiben,
ich kenne dein Inneres
und werde dir meine Gefühle zeigen.

Unsere Freundschaft bedeutet mir sehr viel,
so was Besonderes im Leben zu haben,

war schon immer mein Ziel.
Jetzt, wo wir beide Freunde sind,
gehörst du zu meinem Leben ganz bestimmt.
Ich vertraue dir blind,
so wie früher als Kind.

Für mich bist du sehr wichtig,
nicht jeder mag dein Aussehen,
findet unsere Freundschaft richtig.
Doch das ist mir egal,
für mich zählt die Moral
und die ist bei dir für mich
einfach ideal.

Trost

Gib mir deine Hand in schlechten Tagen,
du brauchst auch nichts zu sagen.
Du legst deinen Kopf in meinen Schoß.
Ich frage dich nicht, was ist los?

Ich bin für dich da,
du bist mir so sehr nah.
Ich kenne deine Gedanken,
weise dich nicht in deine Schranken.

Du bist für mich mein Stern,
auch wenn du bist ganz fern.
Doch wenn ich in den Himmel schaue,
dann weiß ich, dass ich auf dich baue.

Du und ich sind wie eine Seele,
das wird so bleiben, solange ich lebe.
Gib die Hoffnung nie auf,
denn nach dunklen Stunden kommt immer
Licht darauf.

Es ist so schön, dass es dich gibt
und die Liebe in unseren Seelen überwiegt.
Dafür danke ich dir,
denn das ergibt ein mit Liebe erfülltes „Wir".

Bei mir und bei dir

Ich bin bei dir,
auch wenn ich dich aus den Augen verlier.
Wenn ich dich aus den Augen verlier
heißt das nicht,
dass ich mich für dich nicht mehr interessier.

Wenn ich mich für dich nicht mehr interessier,
dann ist etwas passiert, was ich selbst nicht kapier.
Mein Leben hängt nur noch an einem Blatt Papier.
Ein Blatt Papier, ich schreibe alles nieder,
mein Leben verfolgt mich immer wieder.

Doch nach der Verfolgung
und dem Wieder kam eine Wende,
mein Leben und ich,
es war noch nicht zu Ende.

Dann kam ich wieder auf dich,
in deinen Augen sah ich mein Ich.
Und ich wusste, du bist für mich da,
nach allem, was bis jetzt geschah.

Wir zwei haben uns nie ganz aus den Augen verloren,
das ist das, was wir uns in der Jugend schworen.
All das ist heute noch so nah,
deswegen ist unsere Freundschaft noch immer so,
wie sie früher einmal war.

Maria

Du trägst den Namen Maria,
du bist für mich schöner als ein Saphir.
Du hast so eine herzliche Art,
was jeder an dir so mag.

Wenn ich mit dir lach,
erscheint dein Herz in voller Pracht.
Du umarmst mich mit deinen Händen
als ob es deine Flügel sind,
ich spüre die Liebe wie leichten Wind.

Durch deine Anwesenheit wird es im Herzen warm,
deine Liebe ist wie ein großer Schwarm.
Nur damit du es weißt,
ich bin schon sehr oft gereist.
Doch solche Menschen wie du können es schaffen,
aus einer Umarmung Liebe daraus zu machen.

Für diese Momente möchte ich dir danken
mit diesen Zeilen,
denn was gibt es Schöneres,
als Liebe mit einer Umarmung zu zeigen.

Du warst immer für mich da

An allen Türen meines Lebens hast du gestanden,
ich weiß nicht, ob dich die Engel entsandten.
Du warst immer für mich da,
egal was in meinem Leben geschah.

In dunklen Zeiten gabst du mir deine Hand,
verlor ich die Orientierung, du hast es erkannt.
Du bist mit mir jeden Weg gegangen,
ohne etwas zurück zu verlangen.

Du hast mir neue Ziele gezeigt
und wie man einen Berg besteigt.
Auf den Gipfel mit Freude und Kraft,
du hast es mir gelernt, wie man das schafft.

Und war ich müde und kraftlos,
von dir bekam ich den Trost.
Meine Gedanken erhellten sich danach schnell,
manchmal war es ein Kampf und ein Duell.

Dein Vertrauen, Verständnis und deine Geduld,
es gab keinen Tag, wo du mir gabst die Schuld.
In meinem Herzen hast du einen Platz
und den Schlüssel hast nur du zu diesem Schatz.

Mein Engel

Kennengelernt in der Finsternis,
eine Zeit, die du sicher nie vergisst.
Schwere Zeiten durchlebt,
doch immer ein Engel über dir schwebt.

Das Blatt wendete sich zum Guten,
denn vielmehr konnte man dir nicht zumuten.
Rückschläge gab es immer wieder,
in dieser Zeit flogen die Engel ganz nieder.

Aus dieser Begegnung wurde Freundschaft,
sie gab uns in dieser Zeit die Kraft.
Nun folgen nur noch die schönen Stunden,
sie lassen die Zeit schnell vergehen
und heilen auch die alten Wunden.

Wir sind für einander da,
seit der ersten Begegnung stehen wir uns sehr nah.
Wir beide schätzen uns sehr,
du bist mein Engel
und ich gebe dich nicht mehr her.

Für all das bin ich dir sehr dankbar,
denn unsere Freundschaft ist ehrlich und klar
und vielleicht bin ich auch dein Engel sogar.

„Glück und Freude in meinen Gedanken"

Ideen

Ich bin so voller Ideen,
ich kann auf einmal so viel sehen.
Ich nehme mein Handy in die Hand
und spreche auf das Band.
Mein Kopf raucht
und ich schreib mir alles auf.

Die Gedanken sprühen mir entgegen,
ist das vielleicht Gottes Segen?
Oft frage ich mich, warum fällt mir so viel ein,
besteht mein Leben nur aus Sonnenschein
oder ist es ein anderes Bewusstsein?

Vielleicht kann ich es verwenden,
oder sogar der ganzen Welt senden.
Ist es nur ein Traum,
ich glaube es kaum.

Einige Leute haben von meinen Ideen gehört
und waren danach komplett verstört.
Fast alle sagten mir,
was machst du denn noch hier?

Das Ganze gehört in die weite Welt,
was sicher vielen Menschen gefällt.
Als ich auf meinen Beruf sah,
meine Ideen sind nicht vergleichbar.

Ich werde von den Menschen anders gesehen,
vielleicht könnte ich zu meinen Gedanken stehen?
Ich weiß nicht was los ist,
vielleicht schreibe ich nur Mist.

Jedoch gibt es Menschen, die hinter mir stehen
und es auch mit meinen Augen sehen.
Diese Menschen gaben mir Hoffnung und Zuversicht,
manche waren bewegt und gaben mir Licht.

Ich habe eine Idee,
bin ich eine Glücksfee?
Vielleicht bringt es mir Glück,
wenn ich mit meinen Gedanken gehe
und ich dabei in die Zukunft sehe.

Es bereitet mir Kopfweh
und ich weiß noch nicht, wie ich damit umgeh.
Aus der Idee wurde schon so viel,
alles was noch kommt ist genau mein Stil.

Jeder kann erfolgreich sein

Jeder Mensch hat eine besondere Gabe
und wenn man sie nützt, eröffnen sich neue Pfade.
Viele Menschen glauben,
die anderen haben mehr Glück,
doch diese Menschen schauen nach vorne
und nicht zurück.

Es ist das kleine Etwas, sich neu zu entdecken,
dafür braucht man nicht nur Wege,
sondern auch Ecken.
Vielleicht gehören auch Krisen dazu,
manche werden sich nun fragen,
wofür brauche ich das hierzu?

In Krisen müssen wir durch Tiefen gehen,
jedoch kann man dadurch neue Kräfte sehen.
Oft ist es die Krise zu deinem Glück,
auch wenn es langsam kommt,
nur Stück für Stück.

Also öffne dich für neue Wege,
vergleich es mit der Körperpflege.
Wenn du auf dein Inneres hörst
und auf deinen eigenen Erfolg schwörst,
wird deine Zeit kommen
und du wirst deinen Erfolg bekommen.

Hast du dich dann neu gefunden,
dann bist du erfolgreich in wenigen Sekunden.
Und du wirst nicht mehr denken,
dass andere Menschen das Glück lenken.

Menschen mit mehr Glück brauchst du nicht mehr
verachten, denn du weißt,
auch sie gingen in ihrem Leben durch Schlachten.
Jeder kann erfolgreich sein,
denn dein Leben ist
und bleibt dir ganz allein,
nur so kannst auch du erfolgreich sein.

Wille

Mit einem starken Willen kannst du alles erreichen,
jedoch wartet dein Körper auf ein Zeichen.
Es gibt viele Werte,
die dir dein Wille lehrte.

Mit Ehrgeiz kommst du schneller voran,
mach dir einfach einen Plan.
Energie und Optimismus wirst du brauchen,
ohne deinen Körper zu schlauchen.

Unangenehmes schiebe beiseite,
schau mit viel Durchhaltevermögen in das Weite.
Nimm die Herausforderungen an,
dein Wille sagt dir wann.

Alltägliche Probleme löst du ganz schnell,
das ist dein eigener Appell.
Gedanken und Emotionen kannst du steuern,
ohne Kugeln abzufeuern.

Willenskraft ist eine wichtige Kompetenz,
man sieht sie allein an deiner Präsenz.
Der Erfolg ist schon so nah,
dein Wille wird ganz klar.

Nun steht dir für den Erfolg nichts mehr im Weg,
bleib nicht stehen auf deinem Steg.
Dein Wille wird dir helfen,
verglichen mit den Elfen.

Du bist so einzigartig und stark,
es ist der Wille, den jeder in sich hat.

Setze deinen Willen ein
und warte auf dein Zeichen,
denn auch du kannst so
alles in deinem Leben erreichen.

Gib niemals auf

Egal in welchem Zustand du dich befindest,
schau, dass du dich irgendwie heraus windest.
Nimm die Rückschläge an,
auch wenn man nicht immer damit umgehen kann.

Stecke auch die tiefen Schläge ein,
du kannst nicht immer ein Gewinner sein.
Halte an deiner Motivation fest,
es ist oft nur ein Lebenstest.

Setze dir kleine Ziele,
so erlebst du regelmäßig Siege.
Glaube an deine Stärken und an dich,
so lässt du dich selbst nie im Stich.

Akzeptiere dich und wie es ist,
so kommst du mit dir selbst nicht in Zwist.
Lasse es los, wenn dir was nicht gut tut,
und finde wieder neuen Mut.

Denke stets positiv,
sonst wirst du depressiv.
Schau dir dein Leben öfters im Rückspiegel an,
vielleicht kannst du was verbessern
und machst dir einen neuen Plan.

Gib niemals auf,
denn sonst nimmt dein Leben einen anderen Verlauf.
Doch solange du an dich glaubst,
geht es bergauf, wenn du es erlaubst.

Also, gib niemals auf,
schau in den Spiegel
und sei stolz darauf!

Zufriedenheit

Mann, es ist schwer,
der Mensch will immer mehr, mehr, mehr.
Zufriedenheit wäre nicht schlecht,
ist das kein Menschenrecht?

Zufriedenheit im Leben,
das möchte ich sehen.
Meine Zufriedenheit will ich behalten
und ewig in meinem Kopf verwalten.

Am Boden bleiben
und nicht immer noch mehr Stufen hinauf steigen.
Mich nicht verbiegen, um immer nur zu siegen,
denn es gibt wichtigere Dinge, wie lieben.

Die Liebe kann vieles aufhalten
und so die Zufriedenheit besser verwalten.
Und wenn die Zufriedenheit kurz von deiner Seite wich,
hör auf dein Herz, es lässt dich nie im Stich.

Kommen schlechte Tage im Leben,
dann musst du nach deinem Innenleben sehen.
Hast du es gefunden, dann dauert es keine Stunden
und die positive Energie wird durch deinen Körper
munden.

Die Unzufriedenheit kommt wieder von selbst,
meistens dann, wenn du fällst.
Es wird schwer,
denn du hast keine Zufriedenheit mehr.

Jetzt ist es an der Zeit
und deine Gedanken machen sich breit.
Lass deine Gefühle einfach raus,
schreie sie in die Welt hinaus.

Höre auf dein Herz,
auch auf den Schmerz.
Die Schmerzen werden vergehen
und du wirst Zufriedenheit sehen.

Hör auf, nach Macht zu streben,
denn das bringt dir nichts im Leben.
Bleib stabil im Leben
und du wirst auch so gesehen.

Dein Gesicht ist dein Spiegel in dieser Zeit,
der nach Glück und Zufriedenheit schreit.
Und bist du bestimmt für ein solches Leben,
dann stellst du alles,
was noch kommt, daneben.

Jeder wird sich denken,
ich möchte die Zufriedenheit lenken.
Doch hast du sie nicht in dir,
dann ist sie auch kein Lebenselixier.

Zufriedenheit bleibe in mir,
denn du bist mein Lebenselixier.
Meine Seele schreit,
Zufriedenheit und sie steigt, steigt, steigt.

Arbeite an dir
und die Zufriedenheit bleibt auch hier.
Und sie hält,
so lange du an die Zufriedenheit denkst, denkst, denkst.

Träume

Ich steh immer wieder auf,
ich will ganz weit rauf.
Ich träume für mein Leben gern,
jedoch ist der Ruhm noch fern.

Mein Herz sagt mir, bald ist es so weit
und es kommt auch meine Zeit.
Es ist schön, das Ziel vor Augen zu haben,
ohne mir dabei zu schaden.

Lasst mich träumen
und nichts versäumen.
Ich wünsche mir was,
das macht mir einfach Spaß.

Und wenn es ein Traum nur war,
manchmal werden auch Wünsche wahr.
Die Musik hilft mir zu träumen,
am liebsten unter Bäumen.

Sie gibt mir so viel im Leben,
ich könnte die Musik nie aufgeben.
Ich höre Musik wenn ich nicht gut drauf bin
und schon hat mein Leben wieder einen Sinn.

Dann fühle ich mich wie im Zauberland,
ich glaube, ich bin am Strand.
Alles ist so einfach und frei,
es kommt ein Gefühl auf,
es ist wie „high".

Dann fange ich an zu träumen,
besser als sich in der Sonne zu bräunen.
Denn meine Träume nehme ich in meinem Herzen mit,
sie helfen mir Schritt für Schritt.

Ich träume für mein Leben gern,
auch wenn sie sind noch so fern.
Doch einige Träume sind ganz nah,
es fühlt sich an so wunderbar.

Lasst uns träumen von schönen Dingen,
denn davon können unsere Herzen
noch ganz lange singen.

Lob

Lobe dich selbst,
auch wenn du dich am Anfang dazu quälst.
Und wenn du glaubst, dass Eigenlob stinkt,
mache es trotzdem auch bei Gegenwind.

Und wenn es unsere Erziehung war,
es dient der Kontrolle, das ist mir heute klar.
Es wurden die Regeln in unserem Leben übernommen,
die Grenzen haben wir dafür bekommen.

Wir haben verlernt, uns selbst zu loben,
lieber würden wir über uns toben.
Doch mach dir lieber mal Gedanken,
wie wundervoll du bist,
glaub mir, du bist dann noch lange kein Egoist.

Deine Stimmung wird sich heben,
die Gedanken erlebt dein Körper wie ein Beben.
Nun kannst du diese Energie frei lassen,
du fühlst dich kraftvoll,
brauchst dich dafür nicht zu hassen.

Gib das Lob weiter, wenn es dir gut tut,
mache damit anderen Menschen wieder Mut.
Auch dieses Lob wird dein Körper spüren,
denn damit öffnest du die Energie der verschlossenen Türen.

Lobe deine Mitmenschen,
es ist für sie wie Salbei
und setzt die gleichen Schwingungen
in deinem Körper frei.

Somit kommt man sich so schnell nah,
man spürt die Liebe,
es ist so wunderbar.
All das geht so einfach und in kurzer Zeit,
alleine durch Lob wurden schon so viele Menschen von
ihren Leiden befreit.

Es sind Wörter und die kosten kein Geld,
es braucht nur wieder mehr Lob auf dieser Welt.

Leute, ihr sollt leben!

Leute, es heißt leben, wie wir es mögen.
Mögen nicht alle gleich leben,
doch du hast nur das eine Leben.
Genieße es und du wirst sehen,
du wirst dein Leben mögen.

Teile dein Leben richtig ein,
dann wird es immer gut zu dir sein.
Gehe dem Schlechten aus dem Weg,
so gut es geht.
Dann wirst du auch dein Leben
noch viel schöner sehen.

Wir sollten das Leben genießen,
wie Blumen nach oben sprießen.
Uns die Tage gut einteilen,
nicht hetzen und durchs Leben eilen.
Viele Ausflüge machen,
einfach lustige Sachen
und dabei ganz viel lachen.

Gut für sich sorgen,
dann fühlt man sich geborgen.
Geist, Körper und Seele in Einklang bringen,
so ziehst du den Kopf ganz leicht aus den Schlingen.
Sich Zeit zu nehmen, nur für sich,
dann wird deine Zeit im Leben unendlich.

Geh durchs Leben mit Freude und Lust,
so entsteht weniger Frust.
Und bist du dir dessen bewusst,
dann verstehst du auch,
dass du durch dieses eine Leben musst.
Ach du schöne Welt,
du bist für mich mehr wert als das liebe Geld.

Danke, dass du mir das Leben gabst,
was mich so sehr glücklich macht.
Alleine die Erinnerung an das schöne Leben,
sie ist sehr kostbar, dafür würden andere vieles geben.
Für manche Menschen ist das ein Bestreben,
denn wer weiß, vielleicht werden wir auch weiterleben.

Es kommt von Herzen

Es ist besser, wenn du bekommst „Eines",
es ist etwas ganz Kleines, jedoch Reines.
Es kommt von Herzen,
es erhellt deine Stimmung wie Kerzen.

Es bereitet einem so viel Freude
und das immer wieder aufs Neue.
Die Geschicklichkeit ist gefragt,
ohne dass jemand etwas sagt.

Die Form ist so wunderschön und bunt.
Manchmal eckig oder auch rund.
Es ist rührend und ganz persönlich,
es ist eben so außergewöhnlich.

Zuerst sieht man es an,
man rätselt, was da drin sein kann.
Man packt es vorsichtig aus,
die Augen glitzern
und das Teil will nur noch raus.

Dann siehst du es mit dem Herzen,
es fühlt sich an wie positive Schmerzen.
Es macht dich glücklich, das kleine Ding.
Es ist die Liebe, welche ich dadurch empfing.

Es muss nicht immer alles groß und teuer sein,
das macht für viele nur den Anschein.
Was gibt es Schöneres als Geschenke
von deinen Lieben,
denn nur die von Herzen
können alle anderen Geschenke der Welt besiegen.

Deswegen bekomme ich lieber „Eines",
von Liebe überschüttet
und mit dem Herzen gelenkt,
das ist das Beste
und bleibt für mich immer mein Lieblingsgeschenk.

Motivation

Motivation ist fast alles im Leben,
ohne sie wirst du dich nicht vorwärts bewegen.
Motivation ist so wichtig, hast du sie,
machst du automatisch vieles richtig.

Und ist sie für kurze Zeit weg,
mach weiter und zeige deinem Körper Respekt.
Wiederhole die Handlungen bei Lust,
denn alles andere erzeugt mehr Frust.

Aktiviere deinen Körper, bewege dich
und mache dir deine eigenen Ziele zugänglich.
Sei zielstrebig im Verhalten,
deine Motivation wird dadurch länger anhalten.

Lass deine Neugier und den Ehrgeiz entflammen,
die zwei Motive halten deine Motivation zusammen.
Entfache die Begeisterung in dir,
ich kann den Erfolg schon sehen
und das gefällt mir.

Die Begeisterung, die Motivation
werden dir verraten, bist du am Ende
oder versuchst du neu durchzustarten.
Entscheidest du dich für den Start,
vergiss nie auf deine Motivation,
denn sie bringt dir im ganzen Leben was.

Rückenwind

Mögest du stets Rückenwind haben,
der Wind wird dir helfen,
ohne etwas zu sagen.
Du wirst Stück für Stück nach vorne kommen,
dein Gesicht soll erstrahlen wie die Morgensonnen.

Aufrecht sollst du durch das Leben gehen,
den Wind an deiner Seite als Gefährten sehen.
Er begleitet und trägt dich durch die schwere Zeit,
durch den Wind ist der Weg nicht mehr so weit.

Bei Traurigkeit weht der Wind leise in dein Gesicht,
schließe die Augen und du spürst das Licht.
Vielleicht kann dir der Wind mit dieser Geste was sagen,
mögest du in deinem Leben immer nur Rückenwind haben.

Frühling

Es ist der Frühling, der uns anlacht,
Schneeglöckchen und Primeln wachsen in voller Pracht.
Die Sonne lässt sich wieder sehen,
das Gras wächst und ist schon bald zu Mähen.

Verschiedene Sträucher beginnen zu blühen,
alles von alleine und ganz ohne Mühen.
Die Natur ist wieder wach,
wie ein frühlingshafter Gletscherbach.

Frühling ich freu mich auf dich,
du veränderst mein ganzes "Ich".
Ich bin wieder frisch und voller Kraft,
ich spüre neue Leidenschaft.

Die Stimmungslage ändert sich
und lässt mich nicht im Stich.
Sie passt sich mir an,
was jeder erkennen kann.

Frühling bleib noch ein bisschen hier,
du und ich, wir sind das „Wir".
Lieber Frühling, dafür danke ich dir,
denn wenn du da bist,
trage ich das schöne Gefühl in mir.

Glücklich sein

Glücklich sein,
das ist ganz mein.
Wer möchte denn nicht glücklich sein?

Glücklich sein,
geht nicht von allein.
Du musst zu diesem Gefühl was beitragen,
neue Wege wagen und noch mehr herausragen.
Hast du das Glück gefunden,
lebt es sich leichter
und du fühlst dich mit deinem Leben verbunden.

Doch suche nicht nach einem Haus,
das macht das Glück nicht aus.
Suche nicht nach Geld,
das macht das Glück nicht aus auf dieser Welt.
Suche nicht nach Edelsteinen,
das Glück würde in deinem Leben nicht heller
erscheinen.

Nur du allein hast es in deiner Hand,
ob dein Herz wirklich glücklich ist,
sagt dir dein Verstand.
Und ist dein Herz mit deinem Kopf im Reinen,
dann wirst du das Glück nicht verneinen.

Und auch du kannst es sagen
und glücklich sein an vielen Tagen.
Von dir behaupten,
glücklich sein ist ganz mein,
wer möchte denn nicht glücklich sein?

Stille

Ich sitze draußen im Garten,
höre die Vögel singen beim Warten.
Ich schaue in den Himmel und wünsche mir was,
mein Herz ist voller Liebe und ganz ohne Hass.

Ganz still und leise
mache ich eine Gedankenreise.
Für einen kurzen Moment wie abgehoben,
von allen Problemen davon geflogen.

Die Stille gibt mir Kraft,
ich spüre es, wie mein Herz danach rafft.
Es tut so unendlich gut,
in mir vergeht jegliche Wut.

Deswegen sitze ich so gerne in meiner Laube,
auch wenn ich mir die Zeit dabei raube.
Die Stille in der Natur,
das nenne ich Leben pur.

Die Stille ist Balsam für mich,
auch wenn sie kein Wort zu mir spricht.
Ich genieße jede Sekunde,
Stille vielleicht bleibst du noch eine Stunde?

Nach dieser kleinen Reise
ist meine Seele auch danach noch leise.
Diesen Zustand nehme ich mir mit in den nächsten Tag,
es ist die Stille, sie macht mich stark.

Und vielleicht sitze ich morgen wieder im Garten
und höre die Vögel singen beim Warten.

Die Sonne wärmt mich

Die Sonne strahlt und spendet Energie,
sie bringt uns die Harmonie.
Unsere Laune steigt, wenn die Sonne kommt,
sie erweitert uns den Horizont.

Die ersten Sonnenstrahlen machen ihre Wellen,
um uns das Gemüt zu erhellen.
Wir gehen ganz oft ins Freie,
den ganzen Tag und ohne Schreie.

Die Sonne trifft auf unsere Haut,
so werden im Körper Glückshormone aufgebaut.
Eines ist Serotonin davon,
es ist mein liebstes Endorphin.

Nutze die Energie der Sonne,
durch das Vitamin D ist schon bald alles eitle Wonne.
Die Müdigkeit verschwindet ganz schnell,
dabei werden unsere Gedanken wieder hell.

Die Stimmung steigt mit den Sonnenstrahlen,
noch dazu ist es nicht zu bezahlen.
Genießt den Sommer mit der positiven Energie,
denn die Monate sind kurz,
doch voller Harmonie.

„Ich und mein Leben - Zuversicht und Licht"

Schönheit

Schönheit ist ein Wort, ein Begriff.
Jeder sieht es anders, dabei meine ich mich.
Menschen sind sehr oberflächlich
und nur auf das Aussehen fixiert,
wo keinen die innere Schönheit mehr interessiert.

Schönheit vergleiche ich mit Briefe,
keiner hat mehr was über für die seelische Tiefe.
Es wird gemustert und geschaut
und nur noch auf das Äußere aufgebaut.

Das Aussehen steht im Vordergrund
und dabei zählt jedes Pfund.
Ist es denn so wichtig,
wie man sich hinstellt oder ist schichtig?

Nur mehr Selfies in dieser Zeit,
wo jeder nach Aufmerksamkeit schreit.
Ist es das, was wir wollen,
seht ihr eigentlich auf was wir zu rollen?

Was dich auszeichnet als Mensch,
das alleine zählt,
es ist wie French.
Gib dein Kennwort ein
und du wirst schön sein.

Auch wenn es nicht jeder sieht
und du davor fliehst.
Und können Leute deine Schönheit nicht sehen,
dann wird die richtige Schönheit bei ihnen
vorübergehen.

Für mich bist du schön
und das meine ich nicht obszön.
Ich bin froh, dass es solche Menschen wie dich gibt,
wo das Kennwort siegt.

Schönheit wird bei jedem beginnen,
aber die kommt von innen.
Es wird sich die Zeit wieder drehen,
sodass die inneren Werte zählen.

Moralisches Denken
wird von der Schönheit ablenken.
Es wird weniger geschnippelt und korrigiert,
weil der Mensch dann weniger kritisiert.

Das ist doch das Schöne,
der Mensch und die inneren Farbtöne.
Mit Selfies Aufmerksamkeit zu erregen,
ist das das wirkliche Leben?

Jeder postet die besten Bilder,
der Begriff Schönheit wird immer wilder.
Hätte das jemals wer gedacht,
dass jeder nur mehr nach Schönheit rafft.

Zeit, du wirst dich drehen,
das Alter kommt
und du wirst nach innerer Schönheit flehen.
Die Falten werden sich nicht verringern
und es wird sich zeigen,
dass Schönheit kommt von innen.

Kennwort wie heißt du?
Schönheit, wonach preist du?
Schönheit ist nur ein Begriff,
warum siehst du mich nicht?

Ich möchte strahlen und glänzen,
nicht mit dem Aussehen und ohne Grenzen.
Schönheit ist kein Sport,
doch jeder hat sein eigenes Kennwort.

Gib es keinem weiter,
denn Schönheit kommt von innen
und wenn du sie hast,
dann bleibt sie auch drinnen.

Noch einmal Kind sein

Es ist schon lange her,
da war die Zeit nicht so schwer.
Ich ging ganz unbeschwert durchs Leben,
so wie früher, das wird es heute nicht mehr geben.
Damals wollte ich älter sein,
doch dafür war ich noch zu klein.
Meine Kindheit war so frei,
es waren immer viele Kinder dabei.
Ich spielte viel im Garten,
damals gehörte ich noch nicht zu den ganz Harten.
Meine Kindheit hat mich viel gelehrt,
früher habe ich viele Menschen verehrt.
Viele von ihnen kannte ich nicht so gut,
das ist das, was man Jahre später tut.

Doch eines ist mir heute klar,
so leicht wird es nicht mehr,
wie es früher war.
Heute bin ich erwachsen
und werde bestraft für alle Faxen.
Kann mir nix mehr erlauben,
keine Kaugummis mehr klauen.
Das Leben ist streng, alles soll sich drehen,
ich muss jeden Tag zur Arbeit gehen.
Keine Zeit, mit Kindern zu spielen,
um meine eigene Kindheit wieder zu fühlen.
Keine Zeit zum Träumen,
die Zeit ist zu kurz,
ich könnte ja was versäumen.

So vergeht Tag für Tag, der Gedanke,
noch einmal Kind zu sein, ist das, was ich mag.
Wo mir die Liebe zufliegt ohne Kummer und Sorgen,
da fühle ich mich geborgen.
Ganz locker durch das Leben zu schreiten,
einfach meinen Horizont zu weiten.
Mir Zeit zu nehmen, nur für mich,
um nachzudenken,
meine schöne Kindheit und ich.
Meine Kindheit ist eine schöne Erinnerung
und gibt mir Licht,
dafür gibt es dieses Gedicht.

Deswegen sage ich als Optimist,
dass die Kindheit für jeden Menschen von großer
Bedeutung ist.

Die Arbeit und das Leben

Was für ein schöner Tag,
es ist die Arbeit, die ich so gern mag.
Jeden Tag aufzustehen,
um arbeiten zu gehen.

Die Arbeit erfüllt mich jeden Tag,
doch viele Menschen finden das arg,
wenn ich das sag.
So was besitzt nicht jedermann,
ich weiß, was das kann.

Es ist wunderbar im Leben,
gerne arbeiten zu gehen.
Ach du schönes Leben,
wie viel hast du mir schon gegeben.

Wird es so weiter gehen?
Man wird es sehen.
Ich mag meine Arbeit gerne,
ein Lächeln im Gesicht,
jeder sieht es aus der Ferne.

Da geht es nicht um Geld,
es heißt glücklich sein, alleine das zählt.
Lebe richtig und sei mit deiner Arbeit erfüllt,
sei stolz auf dich und manchmal wild.

Leben und das nur einmal,
die Einstellung zum Leben ist wie ein voller Saal.
Gefüllt mit so viel Liebe und Erinnerung,
das ist mein Sprung.

Der Sprung zu einem schönen Leben,
Arbeit, wie viel hast du mir schon gegeben.
Ich kann mich entfalten, schalten, walten wie ich will,
das war schon immer mein Ziel.

Es macht mir so viel Freude
und das jeden Tag aufs Neue.
Die vielen verschiedenen Menschen,
die mir so viel Gutes senden.

Leute, die Arbeit ist oft ein Segen,
das möchte ich an euch weiter geben.
Schaut mich einfach an,
mein Herz verrät euch,
was mein Leben alles kann.

Und liebst du deine Arbeit gleich wie dich,
dann ist sie unbedenklich.
Somit bleibt die Arbeit, dein Leben in den Schranken
und deine Seele wird es dir bis zum Ende danken.

Mein Auto

Mein Auto und ich,
ich würde sagen, einfach unzertrennlich.
Ich freue mich, wenn ich hinein sitze,
ich finde mein Auto einfach spitze.

Ich genieße jeden Kilometer mit meinem Wagen,
mein Auto wird sicher nie versagen.
Ich lehne mich zurück,
cruse gemütlich dahin, Stück für Stück.

Mein Cockpit leuchtet ganz hell,
wie in einem Flugzeug, einfach sensationell.
Da fährt man gern in der Nacht,
die Tasten und das Farbenspiel
sind einfach eine Pracht.

So viele Extras, was mir mein Auto bietet,
alles gehört mir und es ist nicht gemietet.
Ich steige auf das Gas,
die 300 PS machen einfach Spaß.

Da klinkt es dich fast aus,
ich sage es einfach gerade heraus.
Die PS machen mich noch verrückt,
mein Auto ist damit gut bestückt.

Die Felgen auf Hochglanz,
der 18er Gummi umhüllt sie wie ein Kranz.
Tiefer gelegt, die Schürze bis zum Boden,
da hat es sogar die Kiwera verbogen.

Typisieren finde ich öd, doch zählen tut das,
was im Typenschein steht.
Somit kann mir keiner an,
denn auch der Spruch hat es vielen angetan.

Der tiefe Sound,
ja da ist man einfach nur mehr gut gelaunt.
Die Sitze sind aus Leder,
das hat ja auch nicht jeder.

Mein Lenkrad ist mit Alcantara überzogen,
bei dem Anblick hat es sogar mich verzogen.
Ich putze mein Auto immer,
das Zubehör und alle Sachen,
für viele ist das zum Lachen.

Aber so schaut es aus wie am ersten Tag,
wo ich mir mein Auto gekauft habe,
das Auto, das ich so sehr mag.

Mein Vater

Ich wurde geboren,
ohne jegliche Sorgen.
Den Kopf hob ich schon sehr bald,
alle sagten, das wird ein starkes Kind,
denn mir war niemals kalt.

Bei der Taufe war ich sehr schön,
an diesem Tag gab es leichten Föhn.
Mein Vater hat mich damals nicht gesehen,
ich hätte sehr viel dafür gegeben.
Er hat sich aus dem Staub gemacht,
soff jedes Wochenende durch die Nacht.

Vater wo warst du in dieser Zeit,
der Weg zu mir war gar nicht so weit?
Du hast dich nie um mich bemüht,
deine Tochter ist bei dir einfach abgebrüht.
Du hast es dir ganz einfach gemacht,
nie an deine Familie gedacht.

Du hast mich immer nur hängen lassen,
dafür könnte ich dich noch heute hassen.
Mittlerweile kann ich darüber lachen,
denn ich mache jetzt mit dir die gleichen Sachen.
Mehr hast du nicht verdient,
immer bist du vom Alkohol bedient.

Heute tut es mir nicht mehr weh,
ich fühle keinen Schmerz, wenn ich dich seh.
Unsere Geschichte ist zu Ende
und spricht Bände.

Ich habe abgeschlossen mit dir,
ohne dass ich es jemals wieder probier.
Mein großes Herz ist meine Gabe,
du warst für mich immer eine Plage.
Für dich ist kein Platz mehr,
solange ich dir den Rücken kehr.

Gott sei Dank gibt es auch andere Väter in diesem Land,
die mit ihren Kindern gehen,
ein Leben lang Hand in Hand.
Väter, die zu ihren Familien stehen
und die immer nach ihren Kindern sehen.

Handy

Kaum öffnen wir morgens die Augen,
es vergeht keine Minute,
wo wir nicht auf das Handy schauen.
Der Wecker wurde durch das Handy ersetzt,
die großen Startermodelle waren nur ein Test.
Zuerst schauen wir auf Facebook.
Wer hat wieder einen neuen Look?

Dann kommt schon WhatsApp,
oft frage ich mich, was bin ich für ein Depp?
Die Emails werden als nächstes abgerufen,
die Spams sind es nicht, nach denen wir suchen.
Wir freuen uns über schöne Mails mit lieben Grüßen,
die E-Mail kann uns das Leben auch versüßen.

Nun ist schon mindestens eine halbe Stunde vergangen,
das Wichtigste ist, ich kann WLAN empfangen.
Und ist das Guthaben schon am Ende,
dann zittern auch gleich meine Hände.
Es wird mit dem Guthaben gespart,
das ist von jedem eine Eigenart.

Die Tage werden nun gezählt,
bis zu den neuen 3 GB wird man nur noch gequält.
Im schlechtesten Fall kaufe ich mir schnell was nach,
dass ist das, was mir meine Sucht oft sagt.
Jeden Tag das Handy in der Hand,
die Kommunikation steht mittlerweile ganz am Rand.

Das Handy ist der beste Begleiter,
stets bei der Arbeit und wie ein Mitarbeiter.

Jeder sammelt die Freunde wie noch keiner,
viele glauben,
sie sind mit Facebook ein Homepagedesigner.
Doch glaubt mir, wenn es euch mal schlecht geht,
dann seht ihr, wer wirklich zu euch steht.
Das werden nicht 1000 und nicht 100 Freunde sein,
denn die trinken mit dir vielleicht mal einen Wein.

Erst dann wirst du merken,
wie gehen deine Freunde um,
mit deinen Werten.
Das Leben ist für viele Menschen fast nur mehr virtuell,
das ist meine Angst und mein Appell.
Helfen dir deine Freunde,
sind sie für dich da,
oder in schlechten Zeiten unerreichbar sogar?

Ein kurzer Trost ist schnell geschrieben,
doch Zeit wirst du von solchen Freunden keine kriegen.
Im Endeffekt stehst du fast alleine da,
denn Internetfreundschaft ist nicht greifbar.
Deswegen treffe ich mich mit meinen Freunden
und suche den echten Kontakt,
denn für mich bedeutet Freundschaft sehr viel mehr
und das ist Fakt.

Sich zu treffen und zu umarmen,
sich anzusprechen mit dem richtigen Namen.
Miteinander reden
und gleich eine Antwort zu bekommen,
all das ist bei mir wirklich willkommen.
Ich spüre die Liebe bei jedem Wiedersehen
und das ist kein Vergleich zum Internetleben.

Vorfreude

Wenn ich von der Kur spreche,
dann ist das keine Schwäche.
Ich fuhr zum ersten Mal,
mir blieb keine andere Wahl.

Die Schmerzen wurden immer schlimmer,
mein erster Gedanke war, hoffentlich nicht für immer.
Die Vorfreude auf meine 3 Wochen,
ich denke dran ununterbrochen.

Endlich mal was für meinen Körper und meine Seele
und ich mir die Zeit einfach stehle.
Richtig locker und entspannt,
das ist meinem Geist gar nicht mehr bekannt.

Ich freue mich auf die Ruhe
ganz ohne Sportschuhe.
Nachzudenken über mein Leben,
wie werde ich in Zukunft weiter gehen?

Nehme ich den Stress weiter an
oder schaue ich, ob ich was besser machen kann?
Frei von Terminen, ohne einen Anruf zu kriegen,
bekomme ich wieder neue Kraft zum Siegen.

Der ganze Tag ohne Plan,
weg von meinem Wahn.
Auf die Uhr zu sehen
ohne die Zeit anzuflehen.

Meinem Körper die Ruhe gönnen
und das 3 Wochen lang können.
Ich freue mich schon so sehr,
mein Körper will davon schon mehr.

Es sind 3 Wochen,
für meine Gesundheit und meine Knochen.
Deswegen habe ich einen Antrag gestellt,
denn die Gesundheit ist das Größte auf dieser Welt.

Meine 4 Wände

Endlich zu Hause in meinen 4 Wänden,
alles liegt in meinen Händen.
Einen kurzen Blick nach draußen,
allein der Ausblick ist für mich ein Ohrensausen.

Die Sonne blendet mich dabei
und ich fühle mich so richtig frei.
Ein warmes Gefühl mit sehr viel Tiefsinn
und da möchte ich im Moment nicht woanders hin.

Als ich meinen gewohnten Raum betrat
und mich ein liebevoller Mensch umarmt,
war das Gefühl von Geborgenheit umgarnt.
Mein derzeitiges Leben gibt mir Stabilität,
ich merke, dass meine Haltung enorme Früchte trägt.

Jetzt liege ich gemütlich auf der Couch,
denn ein Powernapping reicht manchmal auch.
Ich blicke durch den Raum, um nachzudenken
und mich ein bisschen abzulenken.

Ruhe und Entspannung treten ein
und es ist ein schönes Gefühl, nicht alleine zu sein.
Nebenbei noch ein wenig aus dem Fenster blicken,
um die letzten Sonnenstrahlen auf meinen Körper zu schicken.

Der Gedanke, heute noch einen Termin zu haben,
legt meinen Körper kurz lahm
ohne was zu sagen.

Für einen kurzen Moment die Augen schließen,
um die Bilder vom heutigen Tag zu genießen.
Die Freude vom Wochenende steht mir noch immer ins Gesicht geschrieben,
morgen werde ich mich wieder in die Arbeit wiegen.

Doch auch die Gedanken an morgen
bereiten mir keinen Kummer und Sorgen.
Ich freue mich sogar darauf,
alles nimmt seinen gewohnten Verlauf.

Die Sonne blendet mich dabei
und ich fühle mich so richtig frei.

Authentizität

Ich bin authentisch,
nicht egozentrisch.
Ich bin mir meiner Stärken und Schwächen bewusst,
aber auch robust.
Ich bin sehr ehrlich,
das ist für mich unentbehrlich.
Ich bin sehr konsequent,
jeder weiß das, der mich kennt.

Ich wirke sehr echt,
das ist nicht jedem recht.
Ich bin sehr aufrichtig,
auch das ist mir wichtig.
Ich bin innerlich frei,
ich hoffe, es bleibt dabei.
Ich habe einen starken Willen,
das sieht man in meinen Pupillen.

Meine Wahrnehmung lehrt mich, zu unterscheiden,
dürfen gewisse Menschen bleiben
oder soll ich sie eher meiden?
Mein Hausverstand unterstützt mich dabei weiter,
er ist mein ständiger Begleiter.
Die gute Menschenkenntnis hilft mir im Leben,
in jedem Menschen das Gute zu sehen.
Authentisch zu sein ist sehr positiv,
meine Art begleitet mich massiv.

Deswegen möchte ich authentisch bleiben
und noch vieles darüber schreiben.
Vielleicht erreicht es auch andere Menschen wie mich
und gibt dem Miteinander wieder Licht.

Dann haben wir auf dieser Welt vieles gewonnen
und alle Menschen sind sich gut gesonnen.

Ich werde meine Authentizität beibehalten,
für kein Geld der Welt mich jemals spalten.
Liebe Leute, lasst uns authentisch bleiben
und diesen Weg noch vielen Menschen zeigen.

Volleyball

Volley, Volley, Volleyballer,
ihr seid einfach der Knaller.
Einfach Hammer, Hammer,
seid ihr Volleyballer.
Volleyball,
ja das ist ganz mein Fall.

Angefangen habe ich nicht so toll,
doch heute spiele ich wie ein Profi halt soll.
Alles habe ich lernen müssen,
a paar kaputte Finger mussten dafür büßen.

Jedoch war es mir das wert,
denn das Spiel hat mich sehr viel gelehrt.
Zusammen in einem Team zu spielen,
um später zu siegen.

Mein Adrenalin steigt und
ich weiß, es ist an der Zeit,
den Ball rüber zu smashen
und mich mit einem Punkt bei den Gegnern zu rächen.

Hast du dann die Harmonie im Team,
wirst du ganz leicht siegen.
Wenn du dich nicht richtig konzentrierst,
brauchst du dich nicht wundern, wenn du verlierst.

Verlieren gehört zum Spiel dazu,
auch wenn du bist für andere ein Lulu.
Der Sieg ist nah, strengt euch einfach an,
denn es dauert nicht mehr lang.

Hast du dein Bestes gegeben,
bekommst du von den Fans auch
beim Verlieren den Segen.
Die Sonne lacht mich an,
die Saison kann beginnen,
am liebsten spiele ich draußen
und nicht drinnen.
Volleyball ist genau mein Ding
und für mich immer wie ein zweiter Frühling.

Volley, Volley, Volleyballer,
ihr seid einfach der Knaller.
Einfach Hammer, Hammer,
seid ihr Volleyballer.

Stress

Ich bin gestresst jeden Tag,
kann nicht raus aus meiner Haut, auch wenn ich mag.
Es gibt immer viel zu erledigen,
da hilft es nicht, zu predigen.

Es wartet der Garten, die Arbeit und das Haus,
es gibt Tage, da komme ich gar nicht raus.
Der Alltag bestimmt mein Leben,
mein Körper fragt, kannst du nicht mal Ruhe geben?

Es vergeht keine Stunde,
oft kommt mir vor,
wir leben nur noch für das Ungesunde.
Der Kalender ist voll,
mein Geist sagt mir, dass ich was tun soll.

Doch ich habe angefangen kürzer zu treten,
denn für mich gibt es auch andere Magneten.
Nicht nur Arbeiten ohne Ruhe,
denn das Herz ist die Schatztruhe.

Die Seele einfach mal baumeln lassen,
ohne sich selbst dafür zu hassen.
Nicht nur mit Hast durchs Leben gehen,
sondern auch die Gemütlichkeit in dir sehen.

Wir arbeiten alle noch lange,
wenn ich daran denke, wird mir jetzt schon ganz bange.
Und wenn dein Geist nicht auf deinen Körper schaut,
dann hast du gleich ein Burnout.

Damit es nicht soweit kommt,
pass auf dich auf, denn es passiert oft prompt.
Sei stets auf der Hut,
stelle dir die Frage, was tut deinem Körper gut?

Denn ausgebrannt ist man schnell,
das Leben zurück in die Normalität ist ein hartes Duell.
Deswegen sollten wir alle vorbeugen,
um solche Krankheiten gar nicht zu erzeugen.

Somit bleibt uns viel erspart
und das Leben ist dann nicht all zu hart.

Menschen ändern sich

Oft ist es schwer,
du kennst einen lieben Menschen nicht mehr.
Jeder hat verschiedene Ansichten,
irgendwann werden sie zu schweren Gewichten.

Eine andere Meinung und so stur,
jeder beharrt auf seine Struktur.
Der falsche Stolz, der schwer verzeiht,
jeder hat sich selbst was zusammen gereiht.

Keiner geht mehr Kompromisse ein,
was sollte das für eine Freundschaft sein?
Wir glauben immer, unser Weg ist richtig,
wir sind nur mit unseren Augen sichtig.

Jeder sollte darüber nachdenken,
bin ich am richtigen Weg oder versuche ich nur,
von meinen Fehlern abzulenken?
Wie wäre es mal, einen Schritt nach vorne zu machen,
den Stolz zur Seite zu legen für die wichtigen Sachen?

Die Zeit wird vergehen,
irgendwann wirst auch du deine Fehler sehen.
Vielleicht ist es dann zu spät
und jeder hat eine neue Identität.

Die Zeit ist unser größter Feind,
oft ist es die Liebe, die danach weint.
Bringe es wieder in Ordnung
und übersehe deinen Feind nicht,
vielleicht ist es deine Pflicht
oder es gibt dir sogar Licht.

Du kannst auch stur darauf beharren,
du wirst an deinem Stolz erstarren.
Irgendwann wird die Person wieder vor dir stehen,
doch die Liebe wirst du in den Augen nicht mehr sehen.

So wird es dir nicht nur vorkommen,
denn dann ist es zu spät
und du bist nicht mehr willkommen.
Und bevor so etwas passiert,
gehe auf einen Menschen zu, wenn er dich interessiert.

Zeige ihm deine Liebe und meine es ehrlich,
denn solche Menschen sind auf dieser Welt
unentbehrlich.

Gehe langsam

Es wird uns im Leben vieles abverlangt,
das haben viele von uns schon erkannt.
Wir sollen schneller lesen,
denn wir sind ja besondere Wesen.

Wir sollen schneller lernen
und noch viel intelligenter werden.
Wir sollen schneller essen,
manchmal auf unseren Hunger vergessen.

Schneller reden,
keine lieben Wörter verwenden, das gilt für jeden.
Schnell mal Urlaub machen,
aber nicht zu viel lachen.

Noch schneller leben
und weniger von sich preisgeben.
Keine Briefe mehr schreiben,
die Liebe per Email zeigen.

Wir haben uns so viel Zeit gespart,
jedoch sind wir nicht am Ziel,
sondern nach wie vor am Start.
Gehe langsam und in kleinen Schritten,
darum möchte ich dich in diesen Zeilen bitten.

Bei kleinen Zielen erlebst du stets Erfolge
und kommst voran,
das gibt dir die Kraft für deinen nächsten Plan.
Nur so kommst du bei deinem Ziel schneller an,
es ist die Langsamkeit, sie zeigt dir, wann.

Die Ruhe stellt sich langsam wieder ein,
es erweitert dein Bewusstsein.
Im Enddefekt hat mir die Geschwindigkeit im Leben
nichts gebracht,
es war der Kampf mit mir selbst und meine Schlacht.

Doch wenn du mal die Langsamkeit ganz Inne hast,
dann siehst du die Geschwindigkeit in einem anderen
Kontrast.
Jeder kann es für sich selbst entscheiden,
doch ich weiß, ich gehe langsam
und werde die Geschwindigkeit in Zukunft meiden.

Enttäuschungen

Enttäuschungen gehören zum Leben dazu,
sie entstehen oft im Nu.
Traurigkeit kommt gleich darauf,
für kurze Zeit geht es mehr bergab als bergauf.

Warum treten sie so oft in mein Leben,
es könnte doch viel Schöneres geben?
Meistens sind es Menschen,
wo ich mir sicher bin,
trotzdem enttäuschten sie mich,
das macht für mich keinen Sinn.

Doch vielleicht hat es einen Sinn im Leben,
es kann ja nicht nur immer aufwärts gehen.
Man muss auch mal ganz unten sein,
nur so schätzt man wieder die eigenen Reihen.

Es ist so schwer zu begreifen,
all die gesagten Worte sind oft wie zerplatzte Seifen.
Doch auch das Tief gehört zu mir,
meine Gedanken sind dabei ganz wirr.

Die Enttäuschungen öffnen mir die Augen,
ich kann wieder mit Weitblick nach vorne schauen.
Es hilft mir in meinem Leben,
dadurch kann ich wieder neue Wege gehen.

Doch die Erfahrungen nehme ich mir mit für die Zukunft, sie werden mich begleiten
und bringen mich wieder zur Vernunft.
Wieder mit neuem Mut zu beginnen,
mich mit meiner positiven Energie zu besinnen.

Von den negativen Gedanken loszulassen,
ohne dafür die Menschen,
die mich enttäuscht haben, zu hassen.
So lebt es sich so leicht,
auch wenn der Schmerz im Herzen nicht so schnell
weicht.

Doch wenn man es in diesem Moment gerne macht,
man Gutes getan hat und das Herz dabei lacht,
dann hatte ich in dieser Zeit die Erfüllung in mir
und vielleicht hilft diese Erfahrung auch dir.

Kränke dich nicht, weil dies ein Sprichwort sagt,
denn keiner erfährt die bedingungslose Liebe,
wenn er nicht neue Schritte wagt.
Also nimm die Enttäuschungen mit Haltung an,
denn das Leben ist oft wie eine Achterbahn.

Ich liebe in meinem Leben die Höhen und die Tiefen,
das flüsterten mir die Engel,
wenn sie bei mir gedanklich vorbei liefen.
Bei Enttäuschungen waren sie mir oft ganz nah,
deswegen gehören auch sie zu meinem Leben
und das ist einfach nur wunderbar.

Die drei wichtigsten Dinge in meinem Leben

Zeit

Sie ist kostbar und vergeht wie im Flug,
die wenigen Stunden am Tag sind oft nicht genug.
Die Zeit hat aber auch viele gute Seiten,
sie lindert den Schmerz nach gewissen Zeiten.
Ich schenke meinen Lieben gerne Zeit,
dazu waren die Menschen früher stets bereit.
Heute ist es wie ein Geschenk, nach dem jeder schreit,
Geselligkeit macht sich wieder mehr breit.

Gesundheit

Mit Gesundheit noch lange leben,
dafür würde jeder Mensch sehr vieles geben.
Sie ist unbezahlbar
und das höchste Gut auf dieser Welt,
egal ob arm oder reich,
es gilt für alle das Gleiche und das zählt.
Für viele ist Gesundheit normal,
hast du sie nicht mehr,
dann wird dein Leben oft zur Qual.
Die Gesundheit steht an erster Stelle,
es ist für jeden die Lebensquelle.
Achte auf deine Gesundheit und schätze sie,
das ist viel mehr wert als ein Gewinn in der Lotterie.

Liebe

Das Wichtigste ab der Geburt ist die Liebe,
es bewegt deinen Körper wie ein Getriebe.

Die Liebe erfüllt dich jeden Tag,
durch viel Liebe wirst du innerlich stark.
Ist es die Liebe von Kindern,
es wird deine Traurigkeit lindern.
Und wenn du Liebe von Freunden bekommst,
es gibt dir so viel und es ist nicht umsonst.
Sie ist das größte Geschenk auf Erden,
manchmal auch schmerzvoll
und führt uns in das Verderben.
Doch die Liebe kann so innig sein,
hast du sie gefunden, bist du nie allein.
Du kannst dein Leben nur mit Liebe bestreiten,
für die Liebe gibt es keine Reichweiten.

Das sind für mich die drei wichtigsten Dinge,
die ich mir von Herzen wünsche,
denn sie sind mehr wert als jede Münze.

Nachgeben

Bin ich dafür bereit,
oder verging doch zu viel Zeit?
Bittet mich wer darum
oder bleibt mein Gegenüber stumm?

Ich sollte bei Streit nachgeben
und auch die Seite meines Gegenübers sehen.
Soll ich die Sache bereinigen
und will ich mich wieder vereinigen?

Will ich den Konflikt beenden?
Ohne nachzugeben wird sich das Blatt nie wenden.
Höre ich auf mein Herz und den Verstand
oder hat dies mein Stolz noch nicht erkannt?

Möchte meine Seele Frieden,
oder bin ich doch zufrieden?
All das frage ich mich zurzeit,
nachgeben ist nicht einfach bei Streit.

Mache ich den ersten Schritt
und suche ich das Gespräch zu dritt.
Mein Herz ist so müde,
ich war immer für alle da,
ohne dass ich lüge.

So viel habe ich schon gegeben,
helfen und für alle da zu sein,
war mein ständiges Bestreben.
Lange Zeit stellte ich mich immer zur Seite,
wo ich mich selbst von den Schattenseiten befreite.

Oft musste ich kämpfen ganz allein,
es half mir keiner,
auch nicht aus den eigenen Reihen.
Das Nachgeben hat für mich nicht mehr viel Wert,
das sagt mir mein Körper,
der sich dagegen wehrt.

Irgendwann kommt mal die Wende
und das Helfen sowie das Nachgeben haben ein Ende.
Es gibt so viele Menschen, die mich lieben,
viele davon würden sich mit mir nie bekriegen.

Sie akzeptieren mich
und zeigen mir ihre Liebe ganz offen,
das können sich andere nur erhoffen.
Ich bin so dankbar,
dass mich wundervolle Menschen umgeben
und ich hoffe,
ich darf das noch viele Jahre erleben.

Sie mögen mich wie ich bin
und können den tollen Menschen in mir sehen,
ohne von mir zu verlangen „Nachzugeben".

Hilfsbereit

Hilfsbereit ganz ohne Neid,
ist das noch möglich in unserer Zeit?
Menschen zu helfen,
wie in den Märchen die Elfen.
Ohne dafür Geld zu verlangen
und mit Herz für diese Menschen zu bangen.

Es ist schon so selten,
die Zeiten sind vorbei für die Helden.
Jeder schaut nur mehr auf seine Dinge,
obwohl es uns allen anders besser ginge.
Was hat uns diese neue Zeit nur gebracht?
Was haben wir bloß aus uns gemacht?

Und deswegen bleibe stets hilfsbereit,
sei Hass und Gier stets abgeneigt.
Nimm nicht alles von der neuen Zeit an,
denn es ist etwas furchtbar Schönes,
wenn man Hilfe geben kann.

Die Zeit verändert sich und du dich mit ihr

Ich erkenne mich oft nicht wieder,
bei diesem Gedanken schlägt mein Puls ganz nieder.
Ich habe viel Kontakt mit Menschen
nicht nur auf Festen,
jedoch glaubt mir,
nicht alle gehören zu den Besten.

Ich rede mit meinen Freunden über viele Sachen,
ich weiß,
es muss nicht jeder das Gleiche wie ich machen.
Oft sind die Gespräche so kalt,
ihre Gesichter wirken alt.

Früher war das noch nicht so,
wenn wir uns trafen, waren wir alle froh.
Heute ist es nicht mehr das Gleiche,
es fehlt mir an so vielen Menschen das Weiche.

Es dreht sich so viel um Geld,
ist dass das Wichtigste auf dieser Welt?
Es dreht sich so viel um Macht,
Menschen, die nicht gleich wie sie selbst sind,
lassen sie außer Acht.

Es geht so viel um Karriere,
egal um welche Barriere.
Es geht so viel um Ruhm,
doch keiner will dafür viel tun.

Das schockiert mich sehr oft,
denn ich habe mir vieles anders erhofft.
Dann begegnen mir wieder so viele neue Leute,
an ihnen sehe ich oft mehr die Lebensfreude.

Oft kommt mir vor, sie sind nackt
und lieben den gleichen Takt.
Sie sind mit mir auf einer Welle,
wie ein herzerfüllter Geselle.

Sie sind so herzlich und offen,
das würde ich mir von meinem Umfeld mehr erhoffen?
Sie besitzen das Weiche,
sie sehen mit ihren Augen das Gleiche.

Sie erkennen die Liebe im Herzen,
sie haben es gelernt durch viele Schmerzen.
Sie sind anders als die Masse,
ich finde sie einfach klasse.

Die Anwesenheit von ihnen
macht mich glücklich und soll mir dienen.
Dienen bis an mein Lebensende,
vielleicht kommt irgendwann mal die Wende.

Und wird dieser Wunsch nie wahr,
ich weiß, dass ich die Liebe sah.
Auch wenn das nicht viele haben,
doch über zu wenig Erfüllung kann ich mich nicht beklagen.

Deswegen werde ich noch lange mit diesen
Herzen verkehren, nicht nur nehmen,
sondern auch sie mit Liebe bescheren.

An dieser Liebe kann ich noch lange zehren und nagen,
es ist die Erfüllung im Leben,
das kann ich euch sagen.
Und jeder hat es selbst in der Hand,
hört auf euer Herz und nicht auf den Verstand.

Vergesslichkeit

Manche Menschen vergessen, was du für sie getan hast,
sie behandeln dich, wie es ihnen passt.
Sie suchen sich die Vorteile aus
und winden sich immer aus allem raus.

Nur mehr Egoisten auf dieser Welt,
es dreht sich so vieles um Macht und um Geld.
Jeder gegen jeden und stets bereit,
oft kommt mir vor, das ist unsere neue Zeit.

Viele Menschen kränken sich,
jedoch gilt das nicht für mich.
Ich bin von solchen Menschen viel umgeben,
ich gebe allen meinen Segen.

Ich werde auch diese Menschen nicht verachten,
jedoch mit meinen Augen anders betrachten.
Jeder hat doch das Recht, anders zu sein,
auch wenn bei vielen Menschen das Herz ist aus Stein.

Doch ich lebe mit der Weichheit in meinem Herzen
einfach besser,
das liegt wohl an dem großen Durchmesser.
Ich bin froh, dass ich so bin,
denn für viele Menschen hat das keinen Sinn.

Mich erfüllt mein Leben jeden Tag
und die Erfüllung geben mir die Menschen, die ich mag.
Deswegen bin ich über mein Umfeld sehr froh,
denn es ist bei mir und nirgend anderswo.

Ich liebe mein Leben

Ich liebe dich mein Leben,
du hast mir schon so viel Erfüllung gegeben.
Ich hoffe, dass das so bleibt,
mein Leben mir noch vieles zeigt.

Ich liebe dich mein Leben,
für mein Leben würden andere vieles geben.
Doch jeder hat es selbst in der Hand,
steht er mit beiden Beinen im Leben
oder doch nur am Rand.

Ich liebe dich mein Leben,
ich möchte mich noch lange so glücklich sehen.
Die schönen Momente werde ich so richtig genießen
und die Augen dabei schließen.

Mein Leben lernte ich lieben,
nicht immer konnte die Erfüllung siegen.
Doch jetzt ist dieses Gefühl wieder da,
mein Leben, ich liebe dich,
mit allem, was bis jetzt geschah.

„Freiheit und Hoffnung"

Ich und meine Drogen

Mir geht es echt mies,
ich bin depressiv.
So düster,
welch ein Geflüster.
So traurig
und zugleich schaurig.

Meine Lage belastet mich massiv,
weil ich immer vor allem davon lief.
Ich fiel in ein tiefes Loch,
sodass ich oft nur mehr am Boden kroch.
Ich stand nicht mehr auf
und nahm die Drogen darauf.

In meinem Leben wurde alles noch viel schlimmer,
ich verschlief die ganze Zeit in meinem Zimmer.
Ich war kraftlos und down,
ich konnte nicht mehr nach vorne schauen.
Die Droge brannte sich in mein Gehirn,
ich wusste schon damals, ich werde vieles verlieren.

Ich vergaß alles um mich,
ließ sogar meine Familie im Stich.
Irgendwann stand ich dann auf der Kippe,
obwohl ich mein Leben einmal so was von liebte.
Ich war dem Tod nah,
ich wusste nicht mehr, was geschah.

Doch das war nicht genug,
bis die Polizei mich zur Einvernahme einlud.
Die Handschellen an meinen Händen,
da half auch kein Tränen senden.
So, nun habe ich es weit gebracht,
wer hätte sich das gedacht?

Ich, im Gefängnis, musste das sein?
Ich konnte nicht mehr bei meiner Familie bleiben.
Die Strafe habe ich noch nicht ganz verbüßt,
das hat mir mein Leben in keiner Weise versüßt.
Konnte ich was daraus lernen,
ich werde keine Drogen mehr verehren.

Die Drogen brachten mich dort hin, wo ich heute bin
und das macht für mich keinen Sinn.
Ich habe so viele Menschen verletzt,
es waren die Drogen, sie haben mich gehetzt.
Es tut mir so unendlich leid,
doch der Weg ist nicht mehr weit.

Um euch endlich mal von Herzen zu danken,
ohne zwischen den Drogen und euch zu schwanken.
Ich möchte es endlich schaffen,
nur mit eurer Unterstützung kann ich das machen.
Ihr werdet es nicht bereuen,
das kann ich euch mit meinem Herz bezeugen.

Für diese eine Chance im Leben,
glaubt mir, dafür werde ich alles geben.
Lasst mich euch umarmen und es heute wagen.
Ich liebe euch so sehr, möchte ich hiermit sagen.

Danke, dass ihr meine Eltern seid
und ich hoffe,
dass das noch lange Zeit so bleibt.
Ich freue mich schon auf ein Wiedersehen,
ich möchte endlich wieder mit beiden Beinen im Leben
stehen.

Vielleicht könnt ihr es irgendwann mal mit meinen
Augen sehen und mir dann endlich vergeben.

Ganz allein

Im Gefängnis ist es dunkel,
die Angst steckt in mir, wie ein Furunkel.
Es ist ein Gefühlschaos
und dagegen bin ich machtlos.
Ich frage mich, was ist bloß los mit mir,
warum stehe ich jetzt hier,
liegt das nur an mir?
Meine Probleme wurden wie ein großer Schneeball,
es dauerte nicht lang und ich kam zu Fall.
Es machte in meinem Kopf einen lauten Knall.

Ich habe einfach alles hingeschmissen
und auf vieles geschissen.
Mir war alles egal, Alkohol und Drogen,
ihr habt mich betrogen und belogen.
Dazu meine Umgebung und mein Freundeskreis,
auf die ich heute alle scheiß.
Keiner ist für mich da,
wo sind die Freunde,
welche ich früher immer sah.
Sie meldeten sich in dieser schweren Zeit nicht,
sie ließen mich im Stich
und nahmen mir mein Himmelslicht.

Doch im Nachhinein ist es gut,
dass mich mein Leben dazu einlud.
Ich bin nicht mehr auf der Suche, ich bin ich
und stehe mittlerweile auf einer höheren Stufe.
Das Gefängnis tat mir gut,
trotz allem, bekam ich wieder neuen Mut.

Den Mut, den man im Leben braucht,
ich bin wieder der Alte
und der ist durch meine Strafe wieder aufgetaucht.
Was ich damit sagen will, seid ganz still.

Nutze die Zeit deine Emotionen zu senken,
um dein Leben in die richtigen Bahnen zu lenken.
Kehre in dich, dein Herz wird es dir sagen,
die Wahrheit wird dich noch oft genug plagen.
Nutze die Stille, um nachzudenken,
ohne dich zu kränken.
Und wenn du glaubst, du bist ganz allein,
dann macht das nur den Anschein.
Lese einfach mein Büchlein,
denn es wird für kurze Zeit bei dir sein.

Freiheit

Ich bin gefangen und mir ist klar,
es war nicht immer gut, was ich bisher sah.
Dunkle Schatten, manchmal Licht
und dann war auch schon das Ende in Sicht.
Die Ungewissheit, wie wird es weiter gehen,
werde ich meine Freunde wiedersehen?

Alles wird sich zwar nicht ausgehen,
9 Jahre, das muss man erst mal versteh´n.
Die Strafe wird länger dauern,
in dieser Zeit gibt es nur die Mauern.
Nicht jedem Menschen geht es so gut,
dass er in Freiheit was tut.

Das Leben draußen ist ganz schön,
manche bleiben in Institutionen stehen.
Sie können nichts dafür,
es sind auch gute Menschen dabei, wie ich es spür.
Ich vermisse die einfachen Dinge,
ich habe derzeit andere Sinne.

Ist es die Luft oder der Regen?
Alleine das ist für mich ein Segen.
Unvorstellbar für einen draußen,
für mich ist es ein Ohrensausen.
Ich nehme alles intensiv wahr,
was bis jetzt geschah und was ich sah.

Uns geht es zu gut, soll noch einer sagen,
die sollen mit uns doch tauschen
mit all unseren Lebenslagen.

Über solche Dinge kann ich lachen,
denn das ist gesund,
für mich steht die Entlassung im Vordergrund.
Ich habe Angst, wenn es soweit ist
und dass du auch draußen dann alleine bist.
Soweit sollte es gar nicht kommen,
denn hier drinnen hat ein neues Leben begonnen.

Ein Leben wie in Freiheit, so fühlt es sich an,
die Zeit war keine Gute, wie alles begann.
So viele Menschen auf engem Raum,
oft wache ich auf, es war wie ein Alptraum.
Der Countdown läuft, bin wieder frei,
Schwestern und Brüder draußen seid ihr wieder dabei?

Vielleicht ist es schon bald vorbei
und ihr spürt den Regen wie Blei.
Für solche Leute wie euch
werde ich den Regen genießen.
In Gedanken bin ich bei euch
und werde die Augen nicht verschließen.

Lasst euch nicht unterkriegen,
weil hinter Gittern kann man nur gemeinsam siegen.
Freiheit, Freiheit, wann kommst du zu mir?
Ich sehne mich nach dir.
Freiheit, Freiheit, wann bin ich wieder Mensch,
ohne dass du schlecht über mich denkst!

Mein Herz blutet, ja es blutet sehr!
Ich kann bald nicht mehr.
Ach Freiheit, Freiheit, wo bist du,
oft frage ich mich wozu?
Freiheit, wo bist du?

Vogelfrei

Ich bin dabei.
Es gilt das Motto vogelfrei.
Jetzt habe ich endlich alles hinter mir,
ich hoffe, ich werde ein ganz normaler Passagier.
Frei wie ein Vogel zu sein,
ohne im Gefängnis zu verweilen.

Wie wird es draußen werden,
ich habe Angst, ich möchte nicht wiederkehren.
Vieles wird neu sein für mich,
doch ich habe jetzt neue Freunde,
die lassen mich nicht im Stich.
Meine Gefühle sind zerstreut,
ich habe schon so vieles in meinem Leben bereut.

Meine Gedanken sind frei,
meine Entlassung ist im Mai.
Ich werde kurz mal Urlaub machen
und selbst über mich wachen.
Mit Motivation eine Arbeit suchen,
mein Geld richtig einteilen und verbuchen.

Ich werde meine eigenen 4 Wände haben,
neue Schritte wagen.
Es ist meine letzte Chance,
dafür brauche ich viel Balance.
Probleme muss ich aushalten,
immer meinen Kopf einschalten.

Ich möchte durch die Wälder ziehen,
von meinen schlechten Gedanken werde ich fliehen.

Die Sonne genießen,
ohne die Augen zu schließen.
Im Regen spazieren gehen,
um die Regentropfen auf meiner Haut zu sehen.
Der Wind begleitet mich ganz leise,
auf meiner langen Reise.
Auf all das freue ich mich schon im Mai,
weil erst dann fühle ich mich vogelfrei.

Im Hinterstübchen bleibt es dabei,
Gefängnis oder vogelfrei.

Die Rückkehr

Wenn die Freiheit draußen so schön ist,
verstehe ich nicht, warum du wieder hier bist.
Ich lehre euch immer, dass die Zeit das größte Gut ist,
doch ihr kommt mit dem Leben,
der Freiheit nur in Zwist.
Kaum habt ihr die Freiheit bekommen,
da denkt ihr schon ans Wiederkommen.

Ist das das Leben, das ihr wollt?
Ihr wisst, dass ihr das nicht machen sollt.
Sind etwa die Gitter euer zu Hause
oder ist es vielleicht die Gemeinschaftsbrause?
Sind es die kleinen Zellen
oder die Gesellen?

Ihr habt so gute Ideen in der Haft,
doch draußen fehlt euch die Kraft.
Ich finde es ist so schade um euch alle,
hört ihr mir überhaupt zu, wenn ich was anpralle?
Oft kommt mir vor,
die Mauern sind für euch das Tor.

Ihr seid das Gefängnis schon gewohnt
oder denkt ihr, es ist immer gut bewohnt.
Schaut nicht immer zurück und seht nach vorn,
ohne die vielen Sorgen und den Zorn.
Die Vergangenheit heilt keine Probleme,
auch nicht, wenn ich mich für vieles schäme.
Doch es ist die Zukunft, in die wir gehen,
wir sollten immer nach vorne sehen.

Das ist das Leben
und dafür sollten wir gerade stehen.
Die Augen ganz weit offen halten,
unsere Ziele verwalten und das Leben neu gestalten.
Glaubt an euch ihr lieben Leut
und beginnt damit schon heut.

Auch ihr seid besondere Wesen,
dazu gehören auch eure Synthesen.
Ihr bestimmt, was ihr im Leben wollt,
das Gesetz sagt nur, was ihr nicht tun sollt.

Haltet euch dran und ihr werdet sehen,
euer Leben wird in eine positive Richtung gehen.

Zwiespalt

Im Gefängnis gibt es zwei Parteien,
die Gefangenen und die Freien.
Die einen sind immer drinnen,
die anderen können nach Dienstende durch die Türen
dringen.

Für die einen ist es ein Lebensabschnitt,
für die anderen der Alltag,
der nicht enden mag.
Tage, Wochen, Monate werden gezählt,
oft wird man sogar von den Minuten gequält.

An manchen Tagen verspürst du Mut,
manchmal aber auch Wut.
Oft wirst du abwertend behandelt,
du fühlst dich so richtig runter gesandelt.

Es ist richtig schwer für deinen psychischen Zustand,
du versteckst dich oft hinter der Wand.
Du bist einsam und schüchtern,
nach einer Zeit siehst du deine Taten recht nüchtern.

Manchmal plagt dich das Gewissen,
nur du kannst alles wissen.
Die Strafe hast du dafür bekommen,
jedoch ist sie dir nicht gut besonnen.

Stell dir doch die Frage
und hör, was ich dir sage!
Du bist so ein toller Mensch mit Herz,
du nimmst die Konsequenzen in Kauf,
auch wenn es dann schmerzt.

Zahlt sich das aus,
dass du dir so dein Leben versaust.
Du solltest deine Chance nutzen,
das Leben ist zu kurz, um es so zu beschmutzen.

Also mach was aus deinem Leben,
denn Gott hat dir nur das eine Leben gegeben.

Lieber Gott, vergib mir die Tränen meiner Mutter

Ich wurde von meiner Mutter geboren
und schon begannen für sie die Sorgen.
Ich war klein und noch so blind,
damals war ich noch ein Kind.

Ich liebte meine Mutter immer sehr,
doch die Probleme wurden immer mehr.
Meine Mutter konnte nichts machen,
ich machte nur verrückte Sachen.

Ich brachte meine Mutter oft zum Weinen,
Hilfe bekam sie von keinem.
Es tut mir so unendlich leid,
meine Mutter hat wegen mir schon sehr viel geweint.

Es ging ihr oft nicht gut,
denn in mir war so viel Wut.
Ich konnte mit dieser Wut nicht umgehen.
Sie sagte mir immer, ich soll die Aggressionen ablegen.

Ich rutschte immer tiefer rein,
verbrachte lange Zeit im Gefängnis, das obendrein.
Doch das sollte nicht mein Leben sein,
damals war ich noch zu klein.

Jedoch hat meine Mutter keine Schuld,
sie erzog mich mit viel Geduld.
Ich war so jung und dumm,
mir blieb viel in Erinnerung.

Gott vergib mir den Schmerz,
doch auch ich habe ein Herz.
Gott vergib mir die Sorgen,
ich fühlte mich bei meiner Mutter immer geborgen.

Gott vergib mir meine Sünden,
auch wenn ich es kann nicht begründen.
Gott vergib mir meine Taten,
welche viele Menschen hinterfragten.

Gott vergib mir die Tränen meiner Mama,
ihr Herz ist so groß wie eine Schatzkammer.
Lass sie leben ohne Leiden,
lass mich alle falschen Menschen meiden.

Ich möchte meine Mutter wieder lächeln sehen,
lieber Gott, nur du kannst mir das geben.
Lass mich in Zukunft die richtigen Wege gehen,
ohne wieder abzudrehen.

Lieber Gott, bitte gib mir noch eine Chance,
denn nur so bin ich meine Sünden los.

Zeit

Zeit, sie schreit, nach Empfindlichkeit.
Sie neigt, es ist Zeit, sie macht sich breit.
Ach du liebe Sekunde,
wann wirst du endlich zur Stunde?
Damit der Tag vergeht
und ich mein Ziel vor Augen seh.

Die Zeit hier drinnen ist echt hart,
aber ich bleibe stark.
Was bleibt mir anderes über,
wann ist meine Strafe vorüber?
Die Zeit bleibt stehen, ich kann es sehen,
es wird mir nicht immer gut dabei gehen.

Ich habe sehr viele schlechte Sachen gemacht,
viele Leute haben über mich gelacht.
Ich war engstirnig und stur,
es galt nur meine Welt
immer nur, nur ...!

Was machst du für Scheiße,
wo ich heute noch verzweifle?
Was tust du mir an,
ich sage nur kann, kann ...!
Kannst du nicht ein normales Leben führen,
ohne mir die Luft zum Atmen abzuschnüren.

Verstehst du auch mich
oder siehst du es nur aus deiner Sicht?
Nicht nur du hast gelitten,
auch ich wurde gemieden, das ist unumstritten.

Verstehst du endlich, was ich damit meine,
es geht nicht immer nur um deine, deine ...!
Auch ich habe ein gebrochenes Herz und Gefühle,
ich bin müde, müde...!
Auf dich zu warten fällt mir schwer,
denn draußen ist es das, was es einmal war,
auch nicht mehr.

Die Zeiten haben sich geändert,
es wurde vieles gegendert.
Oft bin ich so einsam,
stelle mir vor,
wir machen was gemeinsam.
Das gibt mir wieder Mut
und das tut so gut, gut...!

Ich hoffe, die Zeit ist bald vorüber
und wir sehen uns draußen wieder.
Dann fangen wir von vorne an,
denn es kann, kann...!
Es kann nicht immer so weitergehen,
denn dann wirst du mich bald nicht mehr sehen.

Bekomm dein Leben endlich wieder in den Griff
und sehe nicht immer nur dein Motiv.
Du wirst mich irgendwann mal verstehen,
die Zeit ist kurz
und ich habe nur das eine Leben.

Alkohol

Am Anfang trinkt man Alkohol
und alle fühlen sich wohl.
Und bist du nicht ganz vorn dabei,
wirst du bezeichnet als Weichei.
Alle Freunde trinken aus
und auch für dich heißt es - sauf aus!

Irgendwann trinkt man dann ganz allein,
nicht nur Bier, sondern auch den Wein.
Man wünscht sich ein Gemeinsam,
doch man wird immer mehr einsam.
Freunde wenden sich ab,
heute weiß ich, dass es am Alkohol lag.

Ich erstickte an meinen Problemen und Sorgen,
nur mit dem Alkohol fühlte ich mich geborgen.
Es ist alles so leicht und unbeschwert,
mein Gehirn ist so süchtig, dass es den Alkohol verehrt.
Ich falle in ein finsteres Loch,
ohne Alkohol am Morgen,
komme ich gar nicht mehr hoch.

Ich mache mir Sorgen um mich
oder sagt mir das mein zweites Ich?
Irgendwann werde ich meine Alkoholsucht besiegen,
ob ich es schaffe, wird alleine an mir liegen.
Doch ich weiß, dass ich es schaffen kann,
die Frage ist nur wann?

Mit dem Trinken aufzuhören, dafür ist es nie zu spät,
auch wenn es schon damals begann in der Pubertät.
Ich wünsche mir so sehr,
dass ich trinke keinen Alkohol mehr.
Dafür werde ich alles machen,
der Alkohol löst keine Probleme,
auch nicht für die Schwachen.

Ich höre auf zu trinken, ich bin mir dessen bewusst,
bald fasse ich den Entschluss.
Es wird nicht mehr lange dauern,
dann ist mit dem Alkoholtrinken Schluss.
Allein der Gedanke ist für mich ein Genuss.

Liebe Alkoholiker,
nehmt euch diese Zeilen zu Herzen
und hört endlich auf,
Alkohol zu trinken
und mit eurer Gesundheit zu scherzen.

September

September,
ich träume so oft von dir,
wann bist du endlich hier.
Es wird sich wieder alles zum Guten drehen,
ich kann die Freiheit jetzt schon in mir sehen.

September,
höre mir zu,
es liegt mir so viel an diesem Monat,
doch noch ist es tabu.
Ich kann es kaum mehr erwarten,
endlich ganz neu durchzustarten.

September,
wann bist du endlich da,
ich hatte Tränen in den Augen,
als ich den Regenbogen sah.
Ich sah ihn an und wünschte mir was,
es war die Freiheit,
was mein Mann in meinen Augen las.

Manchmal werden Wünsche wahr,
September du bist schon so nah.
Bitte lass die Zeit schnell vergehen,
ich möchte wieder Lichtblicke in meinem Leben sehen.

September,
du kannst mir dabei helfen mein Leben zu finden,
ich kann mich nur an dich binden.

September,
bitte lasse mich nicht im Stich,
auf dich zu warten war so unendlich.
Stehe mir in diesem Monat bei,
denn nur meine Entlassung macht mich frei.

September,
ich werde dich hüten und verehren,
Freiheit, wann wirst du in mein Leben wiederkehren?
Nun warte ich auf dich ganz gespannt!
September, du hast mein Leben in deiner Hand.

Freitod

Ich verstehe die Welt nicht mehr,
meine Gedanken sind so leer.
Warum hast du das gemacht?
Das hätte sich niemals wer gedacht.

Ich bin erschüttert und traurig,
es ist enttäuschend und schaurig.
Ich mache mir Vorwürfe
und habe ein schlechtes Gewissen,
ich kann es nicht glauben,
bin innerlich nur noch zerrissen.

Warum hast du nichts gesagt?
Du hast dich nie über etwas beklagt.
Warum bist du nicht zu mir gekommen?
Wir hatten ein inniges Verhältnis
und waren uns stets gut besonnen.

Ich kann es nicht verstehen,
ich konnte deine Trauer nicht sehen.
Es tut mir so unendlich leid,
ich hoffe, dass es mir Gott mal verzeiht.

Mit den Schuldgefühlen muss ich jetzt leben,
doch meinen Bruder kann mir niemand zurück geben.
Du hast dich für den Freitod entschieden,
meine Liebe zu dir konnte nicht siegen.
Es ist für mich unfassbar,
doch die Würde eines Menschen ist unantastbar.

Ich muss deine Entscheidung mit deinen Augen sehen,
ich hoffe meine Schmerzen und Trauer
werden irgendwann mal vergehen.
Alle Engel mögen dich da oben begleiten,
vielleicht kannst du dein Leben jetzt bestreiten.

Lieber Bruder,
ich hoffe, du kannst nun in Ruhe leben
und vielleicht werden wir uns irgendwann mal
wiedersehen.

In Haft – Ich wünsche dir...

Ich wünsche euch in unserer Anstalt Halt
und das bald.
Zuversicht und helles Licht.
Ganz viel Mut ohne Wut.

Stille ganz ohne Pille.
Humor aber keinen Mentor.
Gelassenheit in dieser schweren Zeit.
Stärke für all deine Werke.

Ein Lächeln und keine Schwächen.
Viel positive Energie ohne jegliche Therapie.
Eine geringe Last und keinen Ballast.
Hoffnung ohne Verspottung.

Viel Liebe und keine Hiebe.
Verständnis, ohne dass du gekränkt bist.
Glück und davon ein großes Stück.
Ein gesundes Leben und den Segen.

Wahrheit mit ganz viel Klarheit.
Einen ruhigen Schlaf in deinem Zellengemach.
Einen Engel, Tag und Nacht,
der über dich wacht.

Eine schnelle Zeit
und dass dein Herz nicht lange schreit.
Deine Erwartungen sollen in Erfüllung gehen,
ich möchte Geduld in deinen Augen sehen.

Ich wünsche dir Menschen,
die dich verstehen
und ein Stück des Weges mit dir gehen.

Ich wünsche dir keinen Knast
und dass du dein Leben in Freiheit
wieder genießen kannst,
ganz ohne Last.

Aufstehen

Ich falle hin und bin wieder am Beginn.
Mein Leben ist zurzeit schaurig
und zugleich traurig.
Ich fasse all meinen Mut und bearbeite meine Wut.

Ich schlafe eine Nacht darüber,
vielleicht ist morgen meine Traurigkeit vorüber.
Morgen ist wieder ein neuer Tag,
wo ich aufstehen und nicht hinfallen mag.

Ich richte die Krone auf meinem Kopf
und steige aus dem finsteren Loch wieder hoch.
Nun sehe ich wieder nach vorn,
das ist mein eigener Ansporn.

Ich werde mich nicht unterkriegen lassen,
das würde anderen sogar passen.
Ich werde wie ein Löwe kämpfen
und meine negativen Gefühle dadurch dämpfen.

Ganz aufrecht werde ich weitergehen
und meine neuen Ziele sehen.
Derzeit kann ich mein Leben nicht selbst bestimmen,
jedoch werde ich weiterhin in meine Richtung
schwimmen.

Ich weiß, dass diese schwere Zeit mal vergeht
und sich mein Leben wieder richtig dreht.
Doch eines kann mir keiner nehmen,
das sind die Familie und die Freunde,
die mir sehr viel Liebe geben.

Das erleichtert mich,
denn diese Menschen ließen mich nie im Stich.
Für all das bin ich sehr dankbar,
ich nehme das Leben in Würde wahr.

Meine Träume sagen mir, alles wird gut,
sie vertreiben meine ganze Wut.
Ich hoffe, dass die Trauer
und die Schmerzen bald vergehen,
denn erst dann wird das Licht in meinem Herzen wieder
angehen.

Abschied

Ich hatte ein sehr erfülltes Leben
und konnte vielen Menschen meine Liebe geben.
Jedes Jahr auf dieser Welt habe ich genossen,
durch euch alle war ich nie verdrossen.

Mein Job machte mir Spaß und Freude
und das immer wieder ohne Reue.
Doch auch die guten Menschen müssen einmal gehen,
wir werden uns im Himmel oben wiedersehen.

Dann werden wir alle Engel sein,
das Herz voller Liebe und ganz rein.
Seid nicht traurig wenn ihr an mich denkt,
dadurch wäre ich nur gekränkt.

Euer Herz soll lachen, wenn ihr über mich sprecht,
das wäre mir sehr recht.
Vielleicht werdet ihr noch lange von mir erzählen,
das würde mir auch im Himmel noch sehr viel geben.
Das Spurenhinterlassen hat einen Sinn gehabt,
denn ich war ja in so vielen Sachen nicht unbegabt.

Mein größter Dank gilt meiner Mutter und meinem
Schatz, denn egal wo ich bin, sie haben ihren Platz.
Ihnen verdanke ich auch mein erfülltes Leben,
ich würde alles geben, um sie noch einmal zu sehen.

Die Liebe wird uns irgendwann mal wieder vereinen,
ich gehe nur mal vor,
ihr braucht um mich nicht weinen.
Die Zeit wird kommen,
wir werden uns wiedersehen,

uns umarmen und uns die Hände geben.
Bis dahin werde ich über euch wachen
und wenn es euch gut geht,
mit euch lachen.

Und habt keine Angst bei einem Wiedersehen,
ich warte mit Freude,
denn unsere Liebe wird ewig leben.

Weihnachtszeit

Es ist so weit,
es kommt die Weihnachtszeit.
Eine Zeit, wonach nicht jeder schreit.
Mit der Sehnsucht nach den Lieben,
ach könnte man diese Zeit nur verschieben.

Weihnachtszeit, die kommt schon bald,
der Brauch dafür ist schon sehr alt.
Wenn man im Gefängnis sitzt,
fühlt man sich so richtig durchgeschwitzt.

Es macht mich wahnsinnig, die schönste Zeit im Leben,
das Fest der Liebe im Gefängnis,
werde ich ohne Familie erleben.
Es macht mich traurig und einsam,
geht das nicht gemeinsam?

Mein Leben ist beschissen,
ach wie werde ich meine Lieben vermissen.
Immer die gleichen Wände,
ich hoffe, es nimmt bald ein Ende.

Die Umgebung ist sehr kalt,
Erinnerungen wärmen mich,
doch das Gefängnis macht mich alt.
Die Zeit hier drin prägt mein Leben,
das kannst du in meinen Augen sehen.

Spuren, die ich hinterlasse
und mich selbst dafür hasse.
Ach du schöne Weihnachtszeit,
bitte gib mir hinter Gittern ein wenig Heiterkeit.

Dass ich diese Zeit gut überstehe
und nach vorne sehe.
Ja, ich habe Taten gesetzt,
wurde oft aufgehetzt.

Ließ mich mitreißen auf die andere Spur
und jetzt schaue ich auf die Uhr.
Die Zeit steht einfach still,
vergeht nicht, tut nicht, was ich will.

Jetzt muss ich mit der Strafe leben,
werde meine Familie lange nicht sehen.
Dass es so weit kam,
was habe ich den Menschen nur angetan?

Wie mache ich das wieder gut?
Lieber Gott, mir fehlt der Mut.
Jeder hat eine zweite Chance verdient,
ich bin mit dieser Situation schon genug bedient.

Ich werde mich ändern,
durch die Straßen schlendern.
Keinen Blödsinn mehr machen,
das bleiben die alten Sachen.

Lass die Vergangenheit hinter dir,
das wünsche ich mir.
Und ist sie für dich nicht so gut,
dann schau nach vorne
und fasse neuen Mut.

Ach du schöne Weihnachtszeit,
hörst du, wie mein Herz nach dir schreit?
Ganz allein in meiner Zelle,
weißt du, dass ich mir so Weihnachten nicht vorstelle?

Wer weiß, wie viele Jahre ich hier noch verbringe,
ich vermisse die einfachsten Dinge.
Die Ungewissheit frisst mich auf,
wann ist meine Strafe endlich aus.

Und dann kam der lang ersehnte Brief,
es war das Christkind, das nach meiner Freiheit rief.

„Gedanken an die Liebe – bedingungslos"

Mami

Ich vermisse dich so sehr,
dein Platz in meinem Herzen ist immer noch leer.
Wenn ich an dich denke, ist es heute noch schwer,
jedoch ist es schon vier Jahre her.
Zu früh bist du gegangen von mir,
es ging zu schnell,
du warst auf einmal nicht mehr hier.
Wir hätten noch so viel machen können,
ich würde dir alles Liebe auf der Welt vergönnen.

Die Zeit verging so schnell,
du hattest mit dem Tod ein Duell.
Leider konntest du hier nicht siegen,
wärst du doch nur geblieben.
Oft ist es ungerecht im Leben,
manch einer muss leider früher gehen.
Mir bleibt nur die schöne Erinnerung an dich,
doch sie macht mich in meinem Herzen glücklich.

In der kalten Zeit wird es wieder mehr,
wo mein Herz nach deiner Liebe schreit, so sehr.
Ich denke an die Feiertage,
doch dann verändert sich meine Stimmlage.
Ich wünschte, du wärst noch eine Weile hier
und bleibst eine Zeit lang bei mir.
Ich würde mit dir noch so viel machen
und besonders viel lachen.

Mami, ich vermisse dich,
aber irgendwo denkst du an mich.
Ich trage dich in meinem Herzen,
so vergeht wenigstens ein Teil der Schmerzen.

Was soll ich nur ohne dich machen,
es sind nicht mehr die gleichen Sachen.
Ich hätte dir noch so viel zu sagen,
das schlägt mir heute noch auf den Magen.
Ich nehme dich einfach in den Arm,
bei dem Gedanken wird mir ganz warm.
Das tröstet mein Herz
und nimmt mir ein wenig den Schmerz.

Menschen die von uns gehen,
man wird sie nie wieder sehen.
Ach wie viel würde ich dafür geben,
um dich noch einmal zu sehen.

Menschen mit Herz

Es gibt Menschen, die alles verloren haben,
es sind aber diejenigen, die mir die Wahrheit sagen.
Oft werde ich gefragt, wo nehmen sie ihre Kraft her?
Menschen die ganz unten sind,
sie geben mir davon mehr.
Sie sind mir so dankbar für alles,
trotz ihres tiefen Falles.

Sie sehen mich als Mensch, nicht die Person,
schwimmen mit mir und nicht gegen den Strom.
Sie halten mir den Rücken frei
und glaubt mir, es sind mehr als Drei.
Es werden mir so oft schöne Gedanken mitgeteilt
und war ich kurz traurig, sie haben mich geheilt.

Es sind sehr berührende Zeilen,
am liebsten würde ich mit ihnen noch ein bisschen verweilen.
Es ist ein besonderes Gefühl, das nicht jeder kennt,
sehr viele Menschen leben von ihrem Herzen getrennt.
Diese wundervollen Worte tun so unendlich gut,
sie geben mir Erfüllung und neuen Mut.

Oft ist es schon fast wie ein Liebesgeständnis,
doch in Wirklichkeit ist es ein Freundschaftsbekenntnis.
Mit der Wahrheit gebrochen,
ohne Lügen gesprochen,
mit Herz dabei,
gemeinsam frei.

Vertrauen untereinander, mit Liebe erfüllt,
von lieben Menschen einfach umhüllt.

Eine neue Zeit mit Menschen,
die heute noch um ihre Zukunft kämpfen.
Doch bei ihnen mache ich mir keine Sorgen,
denn alleine durch ihre Anwesenheit,
fühlt man sich schon geborgen.

Und auch bei diesen Menschen,
wird sich eines Tages auch alles zum Guten wenden.
Wenn dich viele nicht mögen,
vergiss nicht, du brauchst keine Bewertungsbögen.
Du bist etwas ganz Besonderes
und ein wundervolles Wesen,
bei diesen Zeilen kannst du es immer nachlesen.

Für mich bleibst du ein Herzensmensch
auch unbegleitet,
solange dein Herz so weiter schreitet.
Denn wenn das Herz voller Liebe ist,
dann bleibe bitte so, wie du jetzt bist.

Selbstliebe

Schaue in den Spiegel, akzeptiere dich, wie du bist,
deswegen bist du noch lange kein Narzisst.
Es ist der erste Schritt
für einen neuen Zeitabschnitt.
Sag ja zu deinem Leben und auch zu dir,
schon sind die Glückshormone hier.

Liebe dich von innen,
damit kannst du sofort beginnen.
Es dauert keine Wochen
und dir stehen alle Wege offen.
Die Sonnenstrahlen werden dein Herz berühren,
kannst du diese Wärme spüren?

Meine Gefühle waren so positiv,
ich fühlte es, auch wenn ich schlief.
Ist es der Sommer und das Licht
oder ist es vielleicht sogar meine Pflicht?
Das Licht tut einfach gut, man glaubt es kaum,
jedoch ist es kein Traum.

Es ist die Selbstliebe,
mit der ich oft siege.
Für manche mag es egoistisch sein,
doch ich liebe mich ganz ohne Tränlein.
Für viele hat das kein Gewicht,
doch das ist nicht meine Ansicht.

Finde dein eigenes Glück,
es ist die Selbstliebe
und die kommt zurück.

Liebe und Gefühle, es ist die Selbstliebe,
wenn ich die Wörter verschiebe.
Liebe dich selbst,
auch wenn du dich durch das Leben wälzt.

Und hast du die Liebe in dir gefunden,
dann heilen auch deine Wunden.
Warte nicht auf die Liebe von außen,
es geht um deine Eigenliebe
und nicht die Liebe von draußen.

Sie ist so wichtig für dein Leben,
nur so kannst du die Liebe anderen Menschen
weitergeben.

Glaub mir, du wirst es sehen,
es ist die Selbstliebe, auch du kannst sie erleben.

Mama

Ich liebe dich so sehr,
meine Liebe wird von Jahr zu Jahr immer mehr.
Sie ist so furchtbar groß,
überschüttet mit Liebe lässt sie meine Gedanken nicht los.

Du bist so einzigartig und voller Güte,
für mich bist du so schön wie eine Blume in voller Blüte.
Du hast so viel Ruhe und bist stets gelassen
und kannst dich sehr gut anpassen.

Ich beschreibe dich als zuverlässig und ortsansässig.
Du bist sehr einfühlsam und liebevoll,
deine handwerkliche Begabung finde ich mehr als toll.
Du bist so fleißig und hilfsbereit,
begegnest Menschen ohne Neid.

Für mich bist du so sehr liebenswert,
du wirst auch von vielen Menschen verehrt.
Dein Wesen ist sehr unkompliziert,
du hast dein ganzes Leben funktioniert.

Du lebst für deine Kinder und das jeden Tag,
dass ist das, was ich an dir so sehr mag.
Du lässt es uns spüren bei jedem Wiedersehen,
ohne ein Küsschen werden wir nie auseinandergehen.

Dieses Verhältnis ist für mich sehr kostbar,
das schätze ich 365 Tage im Jahr.
Ich hoffe du bleibst noch lange gesund,
dazu zähle ich nicht jedes Pfund.

Für mich ist es wichtig,
dass sich unsere Herzen so nah bleiben,
unsere Liebe können wir der ganzen Welt zeigen.
Für manche ist das vielleicht verrückt,
doch es ist meine Mama,
die mich immer mit ihrer Liebe beglückt.

Es besteht zwischen uns ein intensives Band,
es ist die Liebe zwischen Mutter und Tochter,
so haben sie es früher auch schon genannt.

Wie alles begann

Vor 15 Jahren lernte ich dich kennen,
heute darf ich dich meinen Mann nennen.
Ich bin so froh, dass ich dich kenne.
Weißt du, dass ich das Liebe nenne?

Wir haben schon viel durchgemacht
und immer wieder weiter gemacht.
Die Liebe wächst noch immer
und wird auch nicht geringer.

Ich hoffe, unsere Liebe geht nie zu Ende
und wir halten uns noch lange unsere Hände.
Wir harmonieren und ergänzen uns,
das ist auch eine Kunst.

Ich fühle mich mit dir so verbunden,
Tage kommen mir vor wie Stunden.
Du stärkst mir den Rücken,
wir ergänzen unsere Lücken.

Du gibst mir so viel in meinem Leben
und ich möchte noch viele Jahre mit dir erleben.
Ich hoffe, dass das noch viele Jahre so bleibt
und mein Herz für immer nach dir schreit.

Es ist so schön in den Ehen,
die Liebe in den Augen auch nach Jahren noch zu sehen.
Unsere Liebe macht mich selig,
ich hoffe sie hält ewig.

Dieses Gedicht widme ich ganz allein dir,
mit einem Kuss von mir.
Es begann vor 15 Jahren,
unsere Haare hatten die gleichen Farben.

Als ich dich zum ersten Mal sah,
war mir klar, wir werden ein Paar.
2004 gaben wir uns das „Ja"
und wir stehen uns heute noch sehr nah.

Wir Zwei

Ich liebe dich, dabei meine ich mich.
Mich bekommt nicht jeder Mann,
denn ich sage wann.
Wann das ist, wenn du bei mir bist.

Bist du dann da, nehme ich deine Liebe wahr.
Bewahre mich in deinem Kopf,
sonst brennt dir die Liebe noch ein Loch.
Wir Zwei gehören zusammen,
wir sind wie das Feuer und die Flammen.

Die Flammen werden für uns ewig brennen,
Schatz das würde ich Liebe nennen.
Nennen werde ich nur deinen Namen,
weil wir uns das Versprechen gaben
und nur uns Zwei haben.

Haben wir auch nicht viel,
doch die Liebe ist von vielen Menschen das Ziel.
Mein Ziel ist es, mein Leben mit dir zu verbringen,
auch wenn wir noch mal von vorne beginnen.

Wir beginnen zusammen, ohne zu bangen.
Ich hoffe du bist bald da,
denn erst dann wird unsere Liebe wieder wahr.
Wie wahr sind diese Zeilen,
das Band der Liebe, es wird noch lange bleiben.

Ein Nehmen und ein Geben

Du bist der Sinn in meinem Leben,
Schatz du hast mir so viel gegeben.
Dafür werde ich dich immer lieben,
ich kann gar nicht genug von dir kriegen.
Ich werde meine Liebe zu dir pflegen,
solange wir Zwei leben.
Schwere Zeiten überstehen,
zusammen durchs Leben gehen.
Wir haben schon so viel geschafft im Leben,
wie wird es mit uns Zwei weiter gehen?

Seit ich dich kenne,
weißt du, dass ich das Liebe nenne.
Die Zeit mit dir macht mich glücklich.
Schatz, ich bin nach dir süchtig.
Ich bin froh, dass ich dich habe,
unsere Liebe lebt bis zum Grabe.
Ich hoffe, das geht noch viele Jahre weiter,
es war manchmal traurig,
aber vielmehr noch heiter.
Wir kennen uns schon so lang,
ich weiß noch gut, wie alles begann.
Es war Liebe auf den ersten Blick,
daran denke ich gerne zurück.
Unsere Liebe hat so viel Sinn,
das ist für mich der Wahnsinn.

Ich liebe dich Schatz,
denn du bist mein allerliebster Spatz.
Das sage ich dir mit diesem Satz,
denn unsere Liebe ist für mich ein unbezahlbarer
Schatz.

„Anlässe"

Weihnachtsengel

Bald ist es wieder soweit
und es kommt die besinnliche Weihnachtszeit.
Teure Geschenke fliegen durch die Luft,
ohne jeglichen Weihnachtsduft.

Dieser kleine Engel ist mein Geschenk an dich,
der nie von meiner Seite wich.
Er duftet nach Liebe
und ist für dein Herz,
jedoch ist das Kleidchen kein Nerz.

Aus eigener Hand gefertigt und gemacht,
das ist mein Geschenk zu dieser Weihnacht.
Der Engel soll dir ganz viel Liebe
und Glück bescheren,
jedes Jahr zu dir wiederkehren.

Er wird dich auf deinem Weg begleiten,
hat er dich gefunden,
wird er nie von deiner Seite schreiten.
Nun wünsche ich dir eine schöne Weihnachtszeit,
mit dem Engel als Geschenk für alle Ewigkeit.

Weihnachtsengelchen

Ich schicke das Engelchen zu dir.
Es kommt von Herzen und es ist von mir.
Das Engelchen wird dich begleiten.
Dich tragen über alle Schattenseiten.

Das Engelchen wurde mit Liebe gemacht.
Erst in deinen Händen erscheint es in voller Pracht.
Ich wünsche dir
ein frohes Weihnachtsfest aus der Ferne,
denn ich habe dich sehr gerne.

Das Engelchen soll dich behüten, unterstützen
und vor allem Schlechten auf dieser Welt beschützen.

Trauer

Du bist zu früh von uns gegangen,
du warst in deinem eigenen Körper gefangen.
Der Abschied ist leider gekommen,
ein lieber Mensch wurde uns genommen.

Im Gedächtnis wirst du noch lange bei uns bleiben,
unser Herz wird dabei immer leiden.
Die Erinnerung wird die Seelen verbinden
und die Liebe niemals schwinden.

Es gibt hierfür keine passenden Wörter,
ich schreibe dir mein tiefes Mitgefühl,
was ich hier erörter.
Ich schicke dir viel Kraft für diese schwere Zeit
und wünsche dir mein aufrichtiges Beileid.

Ich sende dir Hoffnung in deinem Leben,
sie wird dir die nötige Kraft geben.
Ich wünsche dir Liebe zum Überwinden der Trauer,
sie hilft dir, macht den Alltag nicht noch grauer.

Verliere deinen Glauben nicht,
denn er gibt dir in dieser schweren Zeit
das tröstende Licht.
Es tut mir so unendlich leid,
für deine Familie und für dich,
sollst du mal was brauchen, ich bin für dich da,
dabei meine ich mich.

Scheue dich nicht, mit mir das Gespräch zu führen,
denn vielleicht öffnet es dir wenigstens
ganz andere Türen.

Geburtstag

Geburtstag hat man nur einmal im Jahr
und heute ist Deiner sogar.
Ich wünsche dir Zufriedenheit und Glück,
ohne dass ich dir Blumen pflück.

Ich wünsche dir Sonnenstrahlen
an deinem Geburtstagsmorgen
und 365 tolle Tage im Jahr ohne Sorgen.
Ich wünsche dir alles Gute und einen schönen Tag
ohne einen Umschlag.

Ich wünsche dir nicht nur für heute
ein schönes Leben mit ganz viel Freude,
ohne dass ich es bereue.
All das wünsche ich dir aufrichtig und ehrlich,
solche Menschen wie du sind für mich unentbehrlich.

Ich wünsche dir von ganzen Herzen
ein langes Leben ohne Schmerzen.
Ich sende dir Geburtstagsgrüße aus der Ferne,
denn ich habe dich sehr gerne.

Genieße deinen Geburtstag in großer Schar,
weil Geburtstag hast du nur einmal im Jahr.

Glücksschwein

Ich wünsche dir ein gutes neues Jahr,
mit viel Gesundheit, das wäre doch wunderbar.
365 Tage ganz viel Glück
und von der Liebe ein großes Stück.

Das Schweinchen soll dir ganz viel Freude bringen.
An vielen Tagen für dich singen.
Möge es nur Sonnenseiten in deinem Leben geben.
Was anderes will dieses Schweinchen gar nicht sehen.

Das Schweinchen macht sich auf den Weg zu dir
und schon ist das neue Jahr 2017 wieder hier.

Zur Hochzeit

Heute gebt ihr euch Beide das „Ja",
das finde ich einfach nur wunderbar.
Die Hochzeit ist eine „Hohe Zeit",
wenn sich zwei Menschen verbinden
und das Herz danach schreit.

Die Ehe ist wie ein Vertrag,
sobald ihr euch das Ja-Wort sagt.
Die Achtung, die Wertschätzung
mögen euch stets begleiten,
auch bei Streit und Konflikten nie von euch weichen.

Auch die Treue ist ein wesentliches Element,
dazu gehört das Vertrauen,
dass ihr euch hoffentlich noch viele Jahre schenkt.
Nun wünsche ich dem Ehepaar
Liebe, Glück, Gesundheit für jedes Jahr.

Der Ring ist das Zeichen der Liebe, der Treue,
seid miteinander bis ans Lebensende glücklich
und das stets aufs Neue.

Muttertag

Es ist einer der wichtigsten Tage im Jahr,
es ist unsere Mutter, die uns von Anfang an sah.
Gut behütet und mit Liebe erfüllt,
stets von Geborgenheit umhüllt.

Für dich gab es lange Zeit nur mich,
all die Arbeit war für dich selbstverständlich.
Du warst immer mit einem Auge bei mir
und hattest mich ständig im Visier.

Noch heute lernst du mir so viel,
damals war es mit mir nicht immer ein Kinderspiel.
Du hast mir oft meine Grenzen gezeigt,
von Ausflügen warst du nie abgeneigt.

Die Erziehung war streng und klar,
dafür bin ich dir heute noch dankbar.
Es vergeht Jahr für Jahr
und du bist mir immer noch so nah.

Eine Umarmung und ein liebes Wort,
stets zur Hilfe und zwar sofort.
Immer ein offenes Ohr,
auch wenn ich dich kurz aus den Augen verlor.

Wenn ich dich brauche, dann bist du sofort da,
das finde ich einfach nur wunderbar.
Für all die Jahre möchte ich dir danken,
du gabst mir immer wieder neue Chancen.

Für dich bleibe ich ewig dein Kind,
du vertraust mir einfach blind.
Egal was ich tue, du bist stolz auf mich,
deine Liebe zu mir ist unendlich.

Es ist so schön, eine Mutter wie dich zu haben
und dafür liebe Mama,
möchte ich dir einfach mal danke sagen.

„Gesellschaftsgedichte - Politik"

Meine Heimat

Es ist nicht mehr wie früher,
die Bürger werden immer müder.
Österreich war einmal gesund,
doch heute kommt mir das nicht mehr aus dem Mund.

Ich habe Angst, nach vorne zu sehen,
wie wird es mit unserem Österreich weitergehen.
Ziehen sie uns jetzt noch mehr Geld aus der Tasche,
oder haben sie eine neue Masche?

Für alles andere haben wir Geld,
für die eigenen Leute nicht einmal ein Zelt.
Wofür bezahlen wir die Steuern,
denn da sind sie schnell beim Erneuern.

Meine Heimat, ich liebe dich,
du bist so außerordentlich,
Wir haben viele Berge und sehr schönes Land,
ich liebe dich mein Bundesland.

Die großen Wälder, die schönen Felder.
Die breiten Flüsse, fließen wie Küsse.
Ich fühle mich mit dir so verbunden,
wurde schon von meinen Großeltern hier eingebunden.

Ich schreibe hier für meine Schwestern und Brüder,
stehe für Gleichheit und Freiheit,
so wie früher.

Ich liebe dich mein Vaterland,
ich gehe mit dir Hand in Hand.
Heimat ich trage dich in meinem Herzen,
du wärmst mich, wie das Licht von Kerzen.

Meine Wurzeln bleiben hier,
Heimat, ich sehne mich nach dir.
Heimat! Du bist das Schönste im Leben,
für dich würde ich alles geben.

Frieden

Ich will den Frieden,
nicht die Sehnsucht nach Kriegen.
Versteht das die Menschheit
oder leben wir noch in der Urzeit?

Es geht doch immer nur um Macht und Geld,
ihr wisst ja gar nicht,
was ihr da anstellt.
Ich sehne mich nach Geborgenheit,
ein Herz, das nach Frieden schreit.

Ein Leben ohne Angst auf der Welt,
ist das nicht wichtiger als Geld.
Doch wir gehen immer weiter weg vom Frieden,
dadurch kommt es zu Kriegen.

Es geht immer um die Gier,
deswegen stehen wir heute hier.
Die Wirtschaft regiert die Welt,
sie ist das, was alles zusammenhält.

Wann seid ihr endlich erwacht
und habt darüber nachgedacht?
Wir haben nur diese eine Welt,
ich habe Angst, dass sie zusammenfällt.

Also schließt euch zusammen
und lasst uns gemeinsam bangen.
Vereinen wir uns und gebt euch die Hände,
alle, die mit uns sind, dazu zählen auch Fremde.

Haltet durch und bleibt alle stark
und wenn ihr es spürt bis zum Rückenmark.
Frieden, Frieden,
irgendwann wirst du siegen.

Und wenn es auch braucht viel Zeit,
der Frieden macht sich breit.
Doch wir können was dafür tun,
es geht immerhin um Ruhm.

Wir können nur gemeinsam siegen,
wenn wir alle sind für Frieden.

Das Volk hat Angst

Das Volk wird immer kritisiert,
macht man aber den Mund auf,
wird man abserviert.
Das Volk fühlt sich zurückgestellt,
merkt ihr nicht,
dass den Bürgern die Sicherheit fehlt?

Wenn du dem Staat nicht mehr kannst vertrauen,
worauf sollten die Bürger dann schauen?
Viele haben Angst um ihre Existenz,
ist das eure Quintessenz?
Beim eigenen Volk wird nichts gemacht,
über unsere Probleme wird nur gelacht.

Das Volk fragt und reagiert darauf,
glaubt ihr, wir nehmen alles in Kauf?
Dann gibt es eine Demonstration,
es ist für uns eine neue Lebenssituation.
Du wirst in die rechte Schublade gedrückt,
alleine das macht das Volk schon verrückt.

Ihr könnt mit dem Volk sehr viel machen,
doch nehmt ihm nicht die wichtigsten Sachen.
Es sind Sicherheit und Familie,
nicht die Kriege.
Es sind Wohnung und Essen
und das angemessen.

Es ist im Winter das Warme, auch für Arme.
Und ab und zu was zum Genuss,
ohne auf den Euro zu schauen mit Verdruss.

Wir arbeiten wie Maschinen,
von den Steuern könnt ihr nicht genug kriegen.
Wo denkt ihr da oben hin,
was kommt euch da in den Sinn?

Gebt uns die Sicherheit wieder,
dann schlägt die Angst nicht auf jeden Bürger nieder.
So kann es nicht weitergehen,
ihr werdet gegen das Volk nicht bestehen.
Denn die Sicherheit wird vom Volk ausgehen
und dann werdet ihr sehen,
was geworden ist, aus euren Ideen.

Demokratie

Wir wünschen einen schönen Tag,
das Volk grüßt euch da oben,
haben alles getan, der Politik vertraut,
warum habt ihr uns so angelogen?

Habt es doch sicher selbst bemerkt,
seid nicht mehr Herr der Lage.
Eine Lösung muss für alle her,
Gewalt kommt für uns nicht in Frage.

Wir stehen gemeinsam hier
für Werte, Bräuche und Gesetze,
wir sind nicht links,
wir sind nicht rechts,
wir sind nicht für eure Hetze.

Mit der Demokratie in unserem Gepäck
werden wir den Weg gemeinsam gehen,
es ist unser Land,
wir sind nicht allein
und dann werden wir schon sehen.

Dieser Wahnsinn hat begonnen,
aufgebaut auf euren Lügen,
deswegen hört uns endlich an,
was ihr gesät habt,
werdet ihr kriegen.

Und sind die Zeiten noch so düster,
jetzt muss sich etwas rühren,
denn wir sind eins und nicht allein,
das sollen die da oben kapieren.

Wir ziehen nicht am gleichen Strang,
der Sieger ist und bleibt das Volk,
legt eure Karten offen auf den Tisch,
auch wenn ihr das nicht wollt.

Bin kein Faschist,
bin kein Idiot,
doch ich bin Mensch und Patriot,
der Heimat und Kultur sehr liebt
und seinen Kindern weitergibt.

Die Meinungsfreiheit zählt für jeden,
nur nicht für uns, die gegen reden.
Zur falschen Zeit, ein falsches Wort,
ein Nazi bist du hier sofort.

Demokratie!
Freiheit, in Wort, in Bild und Schrift.
Warum gilt das für uns bloß nicht?

Wahre Lügen

Keiner verträgt mehr die wahren Worte,
was ist aus uns geworden,
was sind wir für eine Sorte?
Komplett verweichlicht, um es allen recht zu machen,
ohne Ehrlichkeit, das ist nicht zum Lachen.
Es wird nur mehr verheimlicht und gelogen,
das überspannt jeden Bogen.

Man erfährt es meistens später,
wisst ihr nicht, ihr seid die Täter.
Oft ist es euch nicht bewusst,
oder habt ihr einfach keine Lust?
Was habt ihr aus eurer Kindheit mitgenommen
oder seht ihr alles nur mehr verschwommen?

Wofür schauen wir uns noch in die Augen,
wenn jeder nur mehr lügt, man kann es kaum glauben?
Gibt es überhaupt noch Tage, wo ihr ehrlich seid,
tut es euch hinterher ab und zu leid?
Mit all den Lügen,
werdet ihr euch irgendwann fügen?

Und es passiert von ganz allein,
dann hilft es dir nicht, verärgert zu sein.
Du hast es dir selbst zuzuschreiben,
bei deinen Lügen kannst du gerne bleiben.
Gott sei Dank sind nicht alle Menschen so,
darüber bin ich wirklich froh.
Es gibt im Leben halt viele Schauspieler,
ihre Lügen sind mir einfach zu wider.

Für die Ehrlichkeit bekommst du zwar nichts bezahlt,
jedoch muss deine Seele damit leben
und vielleicht wird sie ja uralt.
Es lebt sich mit der Wahrheit umso leichter,
für manche Menschen ist sie unerreichbar.
Vielleicht probiert es jeder einmal aus
und lässt die Wahrheit raus.

Die Menschheit würde sich leichter tun,
es gibt sicher viele, die sind dagegen immun.
Doch wenn sich jeder bei der Nase nimmt
und einfach mit der Wahrheit beginnt,
dann haben die Menschen wieder
mehr Vertrauen zueinander
und wir haben alle ein wunderschönes Miteinander.

Volk steh auf

Volk steh auf,
gebt die Hände einfach rauf.
In unserem Land, da steht der Rauch,
jeder sieht es, siehst du es auch?

Die Luft wird immer dicker,
Leute, sie haben uns am Kicker.
Es muss was geschehen,
die Zeit bleibt nicht stehen,
die Erde wird sich weiterdrehen.

Für das, wofür wir stehen,
wird es auch für unsere Nachkommen
nicht gut aussehen.
Das muss hier jeder akzeptieren,
ansonsten heißt es abmarschieren.

Es ist egal, wer es ist,
jeder der unsere Gesetze bricht,
wir haben nur das eine Land
und es liegt in unserer Hand.

Europa ist dafür geschaffen,
dass wir was zusammen machen.
Keine halben Sachen,
wir werden es besser machen.

Mach die Hand zu einer Faust,
indem du die Hände rauf haust.
Mach den Mund doch endlich auf,
ansonsten kommt es wieder rauf.

Sprich es aus, komm sprich es aus,
worauf willst du denn hinaus?
Ich liebe dich mein Vaterland,
gehe mit dir Hand in Hand.
Freiheit und Ehre,
das ist unsere Lehre.

Ein merkwürdiges „Wir schaffen das"

Ist es das, was du uns sagst, ja, wir schaffen das?
Doch das kann jeder selbst entscheiden,
wo er hilft und was er soll meiden.
Es geht nicht immer um das Wir,
jeder kämpft um sein eigenes Revier?
Die Frage stelle ich mir.

Zuerst muss man mit sich selbst im Reinen sein,
um das zu schaffen, wie soll das anders möglich sein?
Wir wurden so erzogen,
jedoch wurde unsere Hilfe als selbstverständlich
abgewogen.

Jeder spricht vom Wir,
wurde ich jemals gefragt, ob ich es will, das hier.
Nein, das war jedem egal und für viele eine Qual.
Wenn sich die Lage zuspitzt,
sprecht ihr zur Masse, die euch unterstützt.

Doch wenn ihr jeden Einzelnen lässt leben,
dann hättet ihr nicht so viele Stimmen dagegen.
Aber, das interessiert euch heute noch nicht,
was das Volk zu euch spricht.

Das, was wir sollen schaffen,
fangt mal an, selbst was draus zu machen.
Nur so könnt ihr es schaffen,
ohne dass das Volk anfängt zu lachen.

Denkt nicht immer nur an euch,
denn ihr habt nur das eine Volk
und dieses schon so oft getäuscht.
Ich werde es schaffen
und über Dinge, die mich ärgern, lachen.

Ich werde es schaffen,
mehr Kriminalität im Land zu sehen,
was kann ich dagegen machen?
Ich werde es schaffen,
andere Leute um mich zu haben,
weil es vorgegeben wird und ich tun muss,
was andere sagen.

Ich werde es schaffen,
meine Familie zu beschützen,
der Staat wird mich nicht viel unterstützen.
Ich werde es schaffen,
andere Religionen anzunehmen,
meine Bibel möchte ich dafür nicht aufgeben.

Ich werde es schaffen, Toleranz zu zeigen,
manche Leute werde ich einfach meiden.
Ich werde es schaffen, loyal zu sein,
auch ist es manchmal nur der Schein.
Also, wenn ich das alles schaffen kann,
dann fängt mal bei euch da oben an.

Ich glaube, wir werden das schaffen,
wenn jeder seiner Linie treu bleibt,
dann werdet ihr schon was machen.
Viel schlechter kann es nicht mehr werden,
doch die Leute fangen sich an zu wehren.

Die Welt dreht sich zurück,
für viele klingt das verrückt.
Doch eines ist mir heute klar,
ich werde mich nicht ändern,
nicht nachdem,
was bis jetzt geschah.

„Affektkontrolltraining"

Konflikte

Vom Seminar mittels Kraft der Imagination
wie weggeflogen,
mit den ganzen Eindrücken mit einbezogen.
Mit dem Auto auf dem Weg,
der nach Veränderungen späht.
Ich kann so sein wie ich bin,
nur das macht für mich Sinn.

Neue Richtungen zu erkennen,
ohne sich immer die Finger zu verbrennen.
Gestärkt und mit Haltung durchs Leben gehen,
das konnte ich schon damals bei meinen Eltern sehen.
Wie man dies umsetzt, das habe ich gelernt.
Darüber wurde ich auch des Öfteren belehrt.

Ich versuche bei Konflikten mit Gesprächen darauf
einzugehen, mir die Fehler aber auch einzugestehen.
Ich freue mich auf die zukünftige gelingende
Kommunikation,
natürlich sind die 4 Ebenen miteinbezogen.
Mit meinen Mitmenschen in Beziehung zu gehen,
ohne das gleich Konflikte entstehen.

Solche Beziehungen sind mir sehr wichtig,
denn meine direkten Aussagen sind nicht immer richtig.
Diese Begegnungen werden in Zukunft etwas
schwinden,
denn ich werde mich manchmal auch rauswinden.
Das werde ich nicht bei allen Gesprächen machen,
damit andere vielleicht über mich lachen.

Meine Ehrlichkeit werde ich beibehalten
und mein Ich sicherlich nicht spalten.
Bei Diskussionen werde ich aber vorher öfter überlegen
und nicht immer alles preisgeben.
Es ist zwar nicht meine Art,
aber manchmal ist das angebracht.

Vielleicht nicht allzu oft verletzend sein,
aber auch die dunklen Seiten gehören zum Mein.
Den Tiger ab und zu ein bisschen bändigen,
um sich besser zu verständigen.
Dabei spare ich viel Energie,
für die nächste Sinfonie.

Das war mein heutiges Gedicht,
mit sehr viel Einsicht.
Zum Abschluss möchte ich noch sagen,
löst eure Konflikte in allen Lebenslagen.
Das ist gut für die Seele und macht frei.
Ist es oft schwer, hört auf euer Herz, es hilft euch dabei.

Die 4 Tierbilder

Mein Lieblingstier ist der Tiger,
denn er ist ein Krieger und ein Sieger.
Der Tiger ist stabil und er hat ein Ziel.
Er weiß wohin er will
und dort will ich auch hin.

Der Tiger spricht mich an,
zeigt meinen Mitmenschen bei Konflikten,
was ich kann?
Der Tiger schlummert in mir,
was ich täglich akzeptier.

Die Widerstände und Konsequenzen
nehme ich gerne an,
die Frage ist nur, wann?
Auch wenn ich nicht immer gewinnen kann,
wichtig ist, dass ich den Spiegel meiner Seele
selbst bestimmen kann.

Und gehst du selbstbestimmend durch das Leben,
so wirst du noch viel intensiver leben.
Dann ist das innerliche Glück in dir,
was dir unheimlich viel hilft,
für das Jetzt und für das Hier.

Sei mutig und entschlossen,
dann wirst du nicht verdrossen.
Aggressionen stecken in uns,
nur damit umzugehen,
das ist die Kunst.

Zeige deine Kraft der Welt,
wie es dir gefällt!
Bleib innerlich ruhig und gelassen,
um dir selbst nichts Schlechtes zuzulassen.

Beziehe deine Brüder wie den Bären,
den Kranich und die Schlange mit ein,
denn du kannst nicht immer nur der Tiger sein.
Und bist du mit den 4 Tierbildern vertraut,
dann kannst du dich selbst entscheiden,
zu welchem Tier du heute schaust.

Ist es dann der Bär,
dann brauchst du gerade die Erdung noch viel mehr.
Der Bodenkontakt hilft dir, Stress zu vermeiden,
um stabil zu bleiben.

Und bist du dann stabil,
ja dann kannst du auch wo anders hin.
Zum Beispiel wie ein Kranich fliegen
und mit deinem Weitblick siegen.

Du öffnest deine Schwingen,
kannst dich mit deinen neuen Perspektiven besinnen.
Der Überblick ist ganz wichtig
und dein Körper wird nicht nur mit den Augen sichtig.

Und wenn du so dahinfliegst in die Unsterblichkeit,
dann weckt es die Sinnlichkeit der Geborgenheit.
Du fühlst dich frei wie ein Vogel,
doch beim Tiger gibt es
keine Mogel.

Lass die Schlange nicht außer Acht,
denn auch die Beweglichkeit kommt in Betracht.
Nimm die Sinnlichkeit der Schlange an
und du wirst sehen, es dauert nicht lang,
bis das Ganze da ist
und auch ganz nah ist.

Und somit schließe ich jetzt ab,
dass jedes Tierbild seine speziellen Seiten hat.
Und nimmst du an alle Vier,
dann ist auch die Ganzheit in dir.

„Fremdwahrnehmung"

Die N. S. ist eine große Gestalt,
wenn auch nur ihre Stimme durch die Gänge hallt.
Meist ist sie ruhig und leise,
aber man kennt sie auch auf ganz andere Weise.
Aus ihrem Mund kommen oft wahre Worte,
sie sind wie eine selbstgemachte Torte.
Sehr oft sind sie gut durchdacht,
werden verstanden und nicht ausgelacht.

Manchmal sind sie offen und direkt,
haben eher einen negativen Effekt.
Wenn sie diskutiert, kommt sie in Fahrt
und vertritt ihre Meinung unglaublich hart.
Sie ist wahnsinnig stur,
hält mit allen Mitteln ihre Spur.
Unter den Häftlingen ist sie sehr beliebt,
für ihre Art wird sie verehrt und geliebt.

Das liegt vermutlich auch daran,
dass sie Playstations verteilen kann.
Jeder empfindet es als gute Tat,
wenn er eine solche Kiste bekommen hat.
Es sind zwar nicht sehr viele,
aber man bekommt ein, zwei Spiele.
Darüber muss man sich sehr freuen,
aber wenn man kein braver Häftling ist,
wird man es schnell bereuen.

Die Macht der N. S. ist so eine Sache,
ist man nicht brav, so kommt ihre Rache.
Dann nimmt sie die Freudenkiste wieder zurück
und man wird vor Langeweile verrückt.

Aber auch beim Sport hat sie ein gewichtiges Wort!
Wer ständig aus dem Fenster schreit,
verbringt in der Turnhalle keine Zeit.
Sie kümmert sich auch gern
um den kontrollierten Affekt,
hat hier und da auch ein soziales Projekt.
Für sie hat jeder Mensch seinen Wert,
auch wenn das Delikt das Bild verzerrt.

Es ist zwar ihre Pflicht,
aber sie bewertet die früheren Taten nicht.
Lieber macht sie sich ihr eigenes Bild,
ist der Häftling nett oder wild?
Für ihre sozialen Projekte gibt es ein Training
gegen die Affekte.
Sie gibt Menschen ein Ziel,
bastelt mit manchen auch viel.

Es entstehen Karten und Uhren,
überall hinterlässt sie ihre Spuren.
Das Kaffeetrinken und Kuchenessen
lässt alle die Zeit vergessen.
Viel Zeit findet sie leider nicht,
aber manchmal reicht es für ein Gedicht.
Sie hält das Dichten für eine Gabe,
aber ist das eine Antwort oder eine Frage?

Sie schreibt jedenfalls sehr gern,
fühlt sich dem Alltag dann ganz fern.
Dabei widmet sie sich verschiedenen Themen
und versucht, ihre ganzen Gedanken zu zähmen.
Politisch möchte sie in kein Eck,
aber wir wissen genau,
ihr Herz schlägt am rechten Fleck.
Ihre Gedichte handeln aber auch von der Haft,

damit vermittelt sie neue Kraft.
Denn die Zeit ist einsam und trist,
aber irgendwann endet die Frist.
Familie und Freunde sind oft ein Thema in ihren Zeilen,
denn dort können ihre Gefühle verweilen.
Zusammen wirken ihre Gedichte
wie eine große Lebensgeschichte.

In ihrem Kopf tummeln sich noch viele Sachen,
aber zuerst möchte sie ein Büchlein machen.
Bis dahin ist der Weg noch weit
und leider fehlt ihr oft die Zeit.
Dadurch ist sie oft in Eile,
aber ein gutes Gedicht braucht eben eine Weile.
In den Zeilen liest man ganz klar,
wie lang das Gedicht in Entwicklung war.

Die Ruhe und die Geduld werden noch kommen,
die N. S. ist eigentlich sehr besonnen.
Der Bär wird seine Tatze zeigen
und den Tiger in die Ferne treiben.
Er wird die nötige Ruhe bringen,
um sich auf perfekte Gedichte zu besinnen.
So wird auch das Büchlein gelingen
und der N. S. großen Erfolg bringen.
Der Weg scheint vielleicht noch weit,
aber wir wünschen ihr alles Gute für
die kommende Zeit.
Sie wird nicht jeden Rat befolgen,
aber bestimmt ihre eigenen Ziele verfolgen.

Möge ihr, das alles gelingen
und sie jeden Widerstand bezwingen.

Anonym

„Mein soziales Projekt – die Bastelgruppe"

Die Bastelgruppe - HK Gang 810

Die HK Gang von Leoben,
das kannst du mir glauben,
das ist nicht gelogen,
bei dieser Nachricht hat es auch die Einsteiger verzogen.

Der Name und die Farbe
haben uns in den Bann gezogen.
2015 ist die Zahl,
die Entstehung von ihr war keinem egal.

Die Gang hat so viele gute Seiten,
sie hilft dir auch in ganz schwierigen Zeiten.
Sie gibt dir Halt,
das ziemlich bald,
sie macht dir wieder Mut
und das ist gut.

Sie gibt dir Kraft, dass du hinter dem stehst
und nicht auf die andere Seite gehst.
Sie gibt dir Licht und Zuversicht,
zeigt dir, dass du auch als Mensch was wert bist.

Die Gang lässt dich nie allein,
es wird immer wer bei dir sein.
Jeder kann so sein wie er ist,
einfach so, wie du wirklich bist.

Es zählt allein der Mensch mit Herz,
auch wenn das Herz oft schmerzt.
Sollte es einem Mitglied nicht gut gehen,
die Gang wird es in seinen Augen sehen.

Somit vergeht der Schmerz ganz schnell
und du hast wieder ein dickes Fell.
Wir haben sehr viele Projekte am Laufen,
um handgefertigten Produkte zu verkaufen.

Die Arbeit wird leider nicht bezahlt,
das Gesetz dafür ist schon sehr alt.
Respekt und Rückgrat sind für uns ganz wichtig,
denn somit wird die Gang weitsichtig.

Um das Ziel gemeinsam zu erreichen,
ohne von den richtigen Spuren abzuweichen.
Die HK Gang von Leoben
ist vom Stellenwert ganz weit oben.

Es gibt in der Gang viele Regeln,
alleine von Gesetzes wegen.
Gespräche bleiben in der Gruppe,
außer es ist uns zum Lachen zumute.

Das HK Gesetz besagt,
Ehrlichkeit ist gefragt.
Vertrauen, das ist gut,
nach Lügnern wird nicht gesucht.

HK Gang, ich danke dir,
dass du bist in dieser Zeit bei mir,
stütz mich weiter, trag mich, fang mich auf,
denn das brauche ich auch.

Die HK Gang bringt dich für kurze Zeit
in eine andere Welt, was jedem Mitglied gefällt.
Sie gibt dir den Segen,
alles wird sich zum Guten drehen.

Die Hoffnung stirbt zuletzt,
die HK Gang hat sich durchgesetzt.

Die Mitgliedschaft der Bastelgruppe - HK Gang 810

Die Gang hat sehr viele Persönlichkeiten
und keine Anpassungsschwierigkeiten.
Sie dient nicht nur einem guten Zweck,
sondern ist auch für den Bandencheck.

Vielleicht nicht für die ganze Halle,
aber die 8 Gründer wissen es alle.
Das Tragen eines Gegenstandes ist Pflicht,
sonst gilt die Mitgliedschaft nicht.

Die 8 Gründer haben alles was sie brauchen,
um zu überleben draußen.
Wir sind auch nicht traurig, wenn einer geht,
denn wir sehen uns draußen wieder und das steht.

Sowie die Zahl 8 der HK Gang,
welche nie aufhört zu leben.
Sie steht für den Anfang und geht nie zu Ende.
Ich hoffe ihr versteht, was ich euch damit sende.

Es wird geredet und viel gelacht,
alles was uns Spaß und Freude macht.
Eine Aufnahmeprüfung in die Gang wird verlangt
und von N.S. anerkannt!

Ich Guru N.S, sage euch,
macht euch draußen keinen Stress!
Denkt an meine Worte,
ihr seid alle eine ganz besondere Sorte.

Schaltet eure Köpfe ein
und ihr werdet ewig Gangmitglieder sein.

In der Gang sollte jeder Spuren hinterlassen,
ohne sich selbst für Taten zu hassen.
Steht auf, bleibt nicht am Boden liegen.
Am Ende werden die Terror Kitty´s siegen.

Arbeitet an euch und für die Gang,
denn sie gibt euch den Slang im Leben.
Ach du geile HK Gang, danke für den Kitty Segen.
Die Zahl 8 ist gut durchdacht,
sie ist das, was die Gründer ausmacht.

Wir stehen für Gemeinschaft und Zusammenhalt.
Das ist unser Denkinhalt.
Dafür steht und gibt es die Gang,
das ist der Leobner Slang.

HK Gang 810, du bist so stark,
wie ein Pitbull,
für viele hat sie keinen Wert,
jedoch für den,
der zu ihr gehört.

Also liebe Gründer und Mitglieder,
reißt euch zusammen,
nehmt euch aus diesen Zeiten was mit
und vergesst nicht,
ich hab euch alle auf eine bestimmte Art ganz lieb!

Nachwort

Wem ich danke sagen möchte

Ich danke allen, die mich bei meinem Büchlein unterstützt haben. Persönlich möchte ich mich bei meinem Kritiker bedanken, der mir mit Rat sowie ehrlicher Kritik stets zur Seite stand.

Ein großes Dankeschön an meinen Engel, der mit sehr viel Engagement das Korrektorat übernommen hat und der mich von Anfang bis zum Ende des Buches begleitete.

Danke an alle, die mich durch ihre Zuneigung, Anerkennung und Liebe zu dem gemacht haben,
was ich heute bin.

Die Autorin Nicole Sunitsch